S. Bastianel - P. Carlotti - O. De Bertolis
G. Ghirlanda - M. Grilli

CHI È SENZA PECCATO SCAGLI LA PRIMA PIETRA

La pena di morte in discussione

PONTIFICIA UNIVERSITAS GREGORIANA

ROMA

IMPRIMI POTEST

Romae, die 10 ianuarii 2007

FRANCISCO JAVIER EGAÑA
Vice-Rector Universitatis

IMPRIMATUR

Dal Vicariato di Roma, 18 gennaio 2007

Mons. MAURO PARMEGGIANI
Prelato Segretario Generale

© 2007 – E.P.U.G. – Roma
ISBN 978-88-7839-097-3

EDITRICE PONTIFICIA UNIVERSITÀ GREGORIANA
Piazza della Pilotta, 35 - 00187 Roma, Italia

Presentazione

S.E.R. Cardinale Renato Raffaele Martino

Sono lieto di presentare la raccolta di studi condotti dalla *Pontificia Università Gregoriana* e intitolata *"Chi è senza peccato scagli la prima pietra – La pena di morte in discussione"*, la quale propone una preziosa riflessione, sul piano teologico, morale e giuridico, sulla difficile questione della pena di morte[1].

Nella Rivelazione biblica la vita umana assume un valore trascendente: «Dio creò l'uomo a sua immagine; a immagine di Dio lo creò; maschio e femmina li creò» (*Gn* 1,27). Questa verità svela all'uomo la propria dignità di figlio di Dio. Come insegna Benedetto XVI: «*Perché creato ad immagine di Dio, l'individuo umano ha la dignità di persona*; non è soltanto qualche cosa, ma qualcuno, capace di conoscersi, di possedersi, di liberamente donarsi e di entrare in comunione con altre persone» (*Messaggio per la celebrazione della Giornata Mondiale della Pace del 2007: "La persona umana, cuore della pace"*, 2). Nel Vangelo, che annuncia il Dio fattosi Egli stesso persona in Cristo, il Dio che «ha tanto amato l'uomo da dare il suo Figlio unigenito» (*Gv* 3,16) la verità dell'uomo conduce alla stessa Verità di Dio: «Il Vangelo dell'amore di Dio per l'uomo, il Vangelo della dignità della persona umana e il Vangelo della vita sono un unico e indivisibile Vangelo» (Giovanni Paolo II, *Evangelium vitae*, 2).

La vita umana è quindi un bene indisponibile e inalienabile. È in tale prospettiva che si inserisce la questione della pena di morte, uno degli aspetti più complessi della riflessione sulla difesa dell'ordine e della sicurezza sociale, e quindi sulla giusta pena per gli autori di gravi attentati a tale ordine e sicurezza. La Chiesa, fedele alla Verità di Dio e dell'uomo, promuove «una giustizia penale che sia sempre più conforme alla dignità dell'uomo e pertanto, in ultima analisi, al disegno di Dio sull'uomo e sulla società» (Giovanni Paolo II, *Id.* 56).

---

[1] La raccolta è composta da articoli pubblicati sulla Rivista *Gregorianum* 88 (2007) 67-191 (*n.d.e.*).

Gli studi pubblicati dalla *Pontificia Università Gregoriana* offrono un serio e autorevole contributo alla ricerca di una giustizia penale conforme alla dignità umana, e in generale di un ordine sociale e morale conforme ai disegni di Dio. Auspico, pertanto, la più ampia diffusione di questi studi, con sentimenti di sincera gratitudine per la *Pontificia Università Gregoriana* e facendo mie le parole del Servo di Dio Giovanni Paolo II: «*rispetta, difendi, ama e servi la vita, ogni vita umana!* Solo su questa strada troverai giustizia, sviluppo, libertà vera, pace e felicità!» (*Id.* 5).

La pena di morte
alla luce del pensiero biblico sulla giustizia

Nel mondo antico, il diritto di conferire la pena di morte da parte dell'autorità era un'acquisizione piuttosto generale e non fu mai messa in discussione. Non meraviglia che anche la Bibbia ne parli e ne condivida le giustificazioni. E tuttavia, rispetto alle culture contemporanee, la Sacra Scrittura lascia emergere una serie di dinamiche che minano alla base il diritto dell'uomo di mettere a morte un altro uomo. Presenti già nel Primo Testamento, esse si sviluppano soprattutto nel Nuovo, quando il Progetto divino viene compreso alla luce dell'insegnamento e dell'opera di Gesù di Nazareth. A motivo di questo sviluppo, e dell' intelligenza graduale che il credente ha avuto del Progetto di Dio, il lettore della Bibbia si trova coinvolto in una comprensione dinamica della verità. Secondo il principio di staticità, ogni legge ed evento sono quello che sono, e non altro: in qualunque momento e in qualsiasi situazione, la verità è perfettamente traducibile in formule fisse o in schemi esplicativi immobili. L'identità statica è autoreferenziale, a differenza dell'identità teleologica, che misura ogni principio e ogni cosa con la piena realizzazione. Per cui, la natura di un principio, o di un evento, acquista senso alla luce del suo compimento. Uno sguardo *dia-bolico* è necessariamente settoriale; solo lo sguardo *sim-bolico*[1] coglie la pienezza della realtà. La verità, allora, non è totalmente percepibile nel singolo stadio e nella singola forma, ma nella condizione finale, per cui ogni legge e ogni cosa raggiungono la pienezza solo misurandosi con il compimento. L'identità statica e quella teleologica non sono ovviamente in contrapposizione, ma vanno relazionate e tenute insieme, per afferrare i singoli passaggi in una luce più ampia.

Sulla base di questa prospettiva ermeneutica è evidente che, anche sul tema della pena di morte, non sono i singoli segmenti a rivelare esaustivamente la verità, ma l'intenzione teleologica del testo, e dei testi nel loro in-

---

[1] *Dia-ballō* significa 'gettare tra', e dunque, 'dividere, disunire', mentre *syn-ballō* esprime l'esatto contrario.

sieme. Grazie a un complesso di elementi di diversa natura, assistiamo a un processo di comprensione sempre più adeguato. Con l'avvertenza, però, che lo sviluppo del processo biblico non è dettato dalla moderna visuale evoluzionistica, ma da una prospettiva che affonda le sue radici in una *restitutio principii*. Con il progredire della storia della salvezza, l'uomo ha una comprensione sempre più profonda dell'originaria Volontà di Dio, della sua vera immagine, del suo Progetto iniziale sull'uomo e sul mondo. Anche nella comprensione della giustizia e di Dio giusto giudice.

Reato e giustizia nella Torah

In principio

In principio «Dio vide quanto aveva fatto, ed ecco, era cosa molto buona» (Gen 1:31). Il tema della giustizia e del suo ristabilimento dopo la violazione, non può che iniziare dall'inno della creazione, perché in esso si trova l'insondabile Progetto di Dio. Lungo tutto l'arco della storia della salvezza, bisognerà tenere sempre presente questo inizio assoluto, se si vuole comprendere la sacralità della vita, il rischio che Dio ha voluto correre, e le risposte da dare alla malvagità umana. Dio ha voluto esporsi creando l'uomo «a sua immagine e somiglianza», partner nella dignità, nella libertà e nella responsabilità.[2] Il *midraš* ha espresso questa positiva intenzionalità divina, che scommette sull'uomo nonostante le prevedibili risposte negative, in due brevissimi racconti, densi di verità e di *pathos*.

Il primo narra che, quando Dio si accinse a creare l'uomo,

> si consigliò con gli angeli del servizio, e disse: «Facciamo l'uomo a nostra immagine e somiglianza». Gli chiesero: «Qual è la natura di questo uomo?». E rivelò loro che ne sarebbero discesi i giusti, ma non che ne sarebbero discesi i malvagi, perché se avesse rivelato loro che ne sarebbero discesi i malvagi, la misura della giustizia non ne avrebbe permessa la creazione.

Il secondo midraš racconta:

> quando il Santo, benedetto Egli sia, si accinse a creare l'uomo, vide che ne sarebbero discesi giusti e malvagi, e disse: «Se io lo creo ne discendono i malvagi, ma se non lo creo, come ne discenderanno i giusti?». Che fece il Santo, benedetto Egli sia? Allontanò la via dei malvagi dai suoi occhi, si unì all'attributo della misericordia e creò l'uomo.[3]

---

[2] Sui risvolti teologici dell'uomo creato a immagine di Dio cf. L.F. Ladaria, *Introduzione alla antropologia teologica*, Casale Monferrato, ⁴1995, 109-173.

[3] I due racconti si trovano in *Bereshit Rabba*, VIII, 3. Riportati in G. Borgonovo, «Giustizia punitiva e misericordia in Gen 1-11» in Aa.Vv., *La violenza* in *Parola, Spirito e Vita* 37 (1998) 65.

Nel primo racconto, l'intenzione originaria di Dio nel creare l'uomo viene in qualche modo svincolata dalla «misura della giustizia», grazie alla consapevolezza delle inevitabili conseguenze che avrebbe avuto una decisione diversa, mentre nel secondo si afferma esplicitamente che la misericordia è un attributo costitutivo della creazione. In ogni caso, l'interpretazione rabbinica ha fatto risalire fino al Progetto originario di Dio la comprensione di una «misura di giustizia» saldata alla misericordia.

La logica sanzionatoria della legislazione anticotestamentaria

Nonostante questa intenzione originaria tramandata dalla tradizione ebraica, al pari di tutte le altre culture, anche l'Antico Testamento contiene ovviamente nei suoi codici legali la visuale coercitiva e sanzionatoria. A ciò che la legge comanda di fare o di non fare (*praeceptum legis*) corrisponde la sanzione nel caso di violazione (*sanctio legis*). Anche in Israele la punizione del crimine appare, dunque, necessaria per la sopravvivenza stessa della società e, solitamente, si danno tre motivazioni della sanzione: la repressione del male, la deterrenza e l'emendazione del colpevole.[4]

Questa visuale sanzionatoria appartiene non solo ai codici legali, ma anche a racconti, che sono particolarmente importanti perché in qualche modo 'fondatori': Adamo e Caino sono puniti dopo il loro peccato (Gen 3 e 4), le nefandezze degli uomini vengono sommerse dal diluvio (Gen 6-9), la violenza degli egiziani trova il castigo nelle piaghe e nella morte del mare dei giunchi (Es 7-14) e – almeno secondo una tradizione – la ribellione di Israele nel deserto viene punita con la morte della generazione ingrata salvata dall'Egitto. Si potrebbe continuare, ma la struttura del pensiero non cambia: al delitto segue il castigo. Il compito sanzionatorio viene in parte affidato agli uomini, anche se è sempre Dio, in quanto autore della Legge, a restarne il supremo garante.

La pena di morte va inquadrata in questo orizzonte culturale. La legge mosaica la contempla come pena di alcuni delitti, tra i quali l'idolatria (Es 22:19; Lv 20:1-5; Nm 25:1-5), la bestemmia (Lv 24:15), la profanazione del sabato (Es 31:14), i peccati contro i genitori (Es 21:15) e contro il matrimonio (Lv 20:10; Dt 22:22; ecc.). Es 21, ad esempio, si esprime in questo senso, per alcuni casi specifici:

> Chi colpisce un uomo a morte sarà messo a morte [...], se uno infierisce contro il proprio prossimo per ucciderlo con inganno, lo potrai strappare anche dal mio altare perché sia messo a morte. Chi colpisce suo padre o sua madre

---

[4] P. BOVATI, *Ristabilire la giustizia. Procedure, vocabolario, orientamenti*, Roma, 1986, 355-357.

sarà messo a morte. Chi sequestra un uomo – sia che poi lo abbia venduto sia che lo tenga ancora prigioniero – dev'essere messo a morte (Es 21:12-16).[5]

È ovvio che i presupposti culturali che soggiacciono a questa comprensione fanno capo a una giustizia correlativa, che dà a ciascuno ciò che merita sulla base dei suoi comportamenti, e al ristabilimento di un ordine oggettivo dove si è creato uno squilibrio.

Pur obbedendo a questa logica, la legge del taglione, formulata per la prima volta nella Bibbia in Es 21:23-25[6] – ma già presente nel codice di Hammurabi – costituisce di fatto un oggettivo progresso sul piano del diritto rispetto alla legge della vendetta illimitata, evocata dal famoso canto di Lamech (Gn 4:23-24). La sua intenzione profonda è di regolamentare la vita comunitaria, proibendo il libero sfogo di una vendetta passionale.[7]

Più complesso è il discorso sulla cosiddetta guerra santa, una cui componente fondamentale era lo *ḥērem*. La radice *ḥrm* (consacrare, scomunicare)[8] significa originariamente «ciò che è proibito, sia perché è maledetto e deve essere distrutto (*res exsecranda*), sia perché è eccessivamente sacro (*res sacrosanta*)».[9] Nella guerra santa, lo *ḥērem* era un atto cultuale, attraverso il quale i nemici e il bottino di guerra venivano sottratti all'uso profano e consacrati a Dio, attraverso l'annientamento (Gs 8:2; 1 Sam 15; Dt 7:5,25). L'espressione viene usata talvolta anche per la pena di morte comminata a un infedele (Lv 27:29) e si tratta probabilmente di una esecuzione particolare o di una sorta di maledizione. In ogni caso, la concezione e la ritualizzazione della guerra è comune al mondo antico e non appartiene esclusivamente alla Bibbia. Si tratta di un'idea legata a precisi riti e doveri religiosi: una concezione che attraversa il mondo orientale e quello greco, fino al tempo del NT, con gli scritti apocalittici in prima linea.[10] E tuttavia, anche in questo preciso ambito, bisogna osservare che l'AT – soprattutto grazie al profetismo – spera pure nella fine delle guerre e presenta *Jhwh* come il Dio che fa cessare le guerre fino all'estremità della terra, rompe gli archi, spezza le lance, brucia i carri da guerra (Sal 46:10; cf. anche Is 2:4; Mic 3; ecc.). A questa linea profetica si aggancerà il Nuovo Testamento.

---

[5] Cf. anche Nm 35:16ss. e Dt 19:4ss.

[6] Cf anche Lv 24:17-20 e Dt 19:21.

[7] Nel documento che porta il titolo *A Culture of Life and the Penalty of Death*, Washington (D.C.), 2005, la conferenza episcopale degli Stati Uniti ha giustamente rilevato l'inconsistenza di un tale motivo per il conferimento della pena di morte (p. 11).

[8] Per un trattamento riassuntivo di questa scabrosa questione, che concerne tutto l'oriente antico, cf. D. MERLI, «Le "guerre di sterminio" nell'antichità orientale e biblica» in *Bibbia e Oriente* 9 (1967) 53-68 e C. SCHÄFER-LICHTENBERGER, «Bedeutung und Funktion von *herem* in biblisch-hebräischen Texten» in *Biblische Zeitschrift* 38 (1994) 270-275.

[9] E. JENNI – C. WESTERMANN, *Dizionario teologico dell'Antico Testamento*, vol. I, Torino, 1978, 551.

[10] La *Regola della guerra* di Qumran (1 QM) ne è un esempio evidente.

Il senso profondo della legge oltre il carattere coercitivo e repressivo

Il discorso sul carattere coercitivo e punitivo della legislazione ebraica sarebbe comunque monco se non riflettessimo su un secondo aspetto, che è essenziale al tema della giustizia nell'Antico Testamento. Si tratta di un discorso 'correttivo', anch'esso strutturale, e che orienta in tutt'altra direzione la visione della legge e delle stesse sanzioni applicate ai colpevoli.

Bisogna osservare che, nel Primo Testamento, le condanne comminate ai colpevoli trovano, per certi versi, dei correttivi nella stessa sentenza, che appare spesso mite rispetto alla colpa commessa. Stando alla legge del taglione, la morte di Abele dovrebbe essere punita con l'uccisione di Caino (Gn 4). In realtà, l'omicida è condannato solo all'esilio e Dio proibisce in maniera esplicita l'eliminazione del colpevole (Gn 4:15). È evidente che Dio non adotta qui il principio della proporzionalità, ma si comporta piuttosto come un padre che punisce il figlio colpevole, ma gli garantisce la vita. Un analogo procedimento si era verificato per il peccato di Adamo ed Eva i quali, pur essendo condannati e castigati, sono destinatari di un annuncio di speranza, a motivo della promessa del trionfo della specie umana sul nemico che la insidia (Gn 3:20). S. Ambrogio ha colto bene la perplessità di Dio di fronte alla «misura della giustizia» nel commento ai sette giorni che separarono l'annuncio divino del diluvio dalla sua esecuzione: «Il Signore diede spazio alla penitenza, perché desiderava più perdonare che punire [...]. Aspettò dunque anche durante il settimo giorno, lo stesso in cui si riposò dal lavoro, affinché, se fosse stato richiesto il perdono e fosse seguita la penitenza, potesse placarsi anche lo sdegno».[11]

Questa perplessità di fronte al carattere punitivo e al giusto corrispettivo tra delitto e castigo diventa ancora più evidente se si considera l'originalità del codice legale d'Israele rispetto a quello delle culture limitrofe (come ad esempio il già citato codice di Hammurabi), soprattutto per l'impianto e lo spirito che lo anima.[12] Come prova, si possono fare alcune considerazioni sul Decalogo, che costituisce un testo assolutamente centrale per comprendere quanto vado dicendo, sia perché è il testimone per eccellenza del rapporto tra Dio e il suo popolo, sia perché tutta la tradizione ebraica e cristiana lo ha ritenuto una sorta di sintesi delle leggi codificate e dello spirito che le deve animare.[13] In effetti, il Decalogo si presenta come il

---

[11] AMBROSIUS, «De Noe» in *Opera omnia di Sant'Ambrogio*, 2/1, Milano–Roma, 1984, 306ss.

[12] N. LOHFINK ha sostenuto che, a differenza delle altre letterature dell'Oriente antico, la Bibbia tematizza la violenza, svelandone i meccanismi, le strutture e le sue connessioni con il peccato, e così facendo la smaschera: «Gewalt/Gewaltlosigkeit» in *Neues Bibel Lexikon*, t. 1, Zürich, 1991, 832.

[13] È noto che il decalogo ci è pervenuto in due recensioni, che si trovano rispettivamente in Es 20 e in Dt 5. Più adatta al nostro contesto sembra la tradizione del Deuteronomio.

riepilogo dei codici di Israele, della molteplicità disparata dei precetti e delle diverse situazioni, la *magna charta* a cui deve far riferimento ogni ulteriore tentativo di legiferare in tema di rapporto con Dio e con il prossimo. Ebbene, proprio il Decalogo non lascia dubbi sulla natura della Legge in Israele e sulle motivazioni fondamentali su cui poggia.

Legge e Alleanza

La natura della Legge in Israele viene espressa soprattutto dal legame tra Decalogo e Alleanza, esplicitamente menzionato nei versetti introduttivi:

> Mosè convocò tutto Israele e disse loro: «Ascolta, Israele, le prescrizioni e i decreti che io oggi pronuncio alle tue orecchie. Imparateli e osservateli, mettendoli in pratica. Il Signore nostro Dio strinse con noi un'alleanza all'Oreb (Dt 5:1-2).

Questo legame fa sì che la Legge vada vista nel quadro dell'Alleanza, e cioè come relazione di vita che intercorre tra Dio e il suo popolo. Una relazione di vita, che

> è viva come la vita, sempre nuova e da rinnovare. Poiché la storia non si ripete e poiché le circostanze dell'esistenza del popolo di Dio variano con le circostanze della storia, bisogna che l'Alleanza sia di continuo ripensata, ripresa, rifatta, in rapporto a situazioni o esigenze nuove. Come l'amore che ne è lo spirito e l'impulso, l'Alleanza è tutto il contrario di un'istituzione, le cui componenti verrebbero fissate una volta per sempre. Come l'amore, l'Alleanza è ricerca costante dell'«altro», insoddisfazione di sé, generosità sempre in risveglio, stupore e invenzione instancabili. Perpetuo spirito di riforma e di superamento. Tutto il contrario dell'abitudine. In tal modo non sorprende che i grandi «rinnovamenti» dell'Alleanza abbiano avuto luogo in momenti particolarmente decisivi o critici della storia d'Israele, e in nome della comunità intera.[14]

In questa luce, l'iniziale «Io sono il Signore tuo Dio» (Dt 5:6) può certamente essere interpretato in chiave di sovranità di Dio su Israele o, ancora meglio, in chiave di 'origine' – per cui si riconosce che la nascita di Israele è determinata da una libera decisione di Dio, come ha compreso bene la tradizione rabbinica – ma in *Jhwh 'ĕlōhêkā* abbiamo anche (soprattutto?) un appello alla relazione di alleanza Io-Tu. In «*Jhwh* 'tuo? Dio», Dio si definisce come un essere-in-relazione e come colui che nella relazione *Io – tu* stabilisce il fondamento della Legge.

---

[14] G. AUZOU, *Dalla servitù al servizio*, Bologna, 1976, 221.

Legge e libertà

Nel prosieguo di Dt 5:6 abbiamo il secondo importante motivo per comprendere la natura della Legge in Israele, perché si dice: «Io sono *Jhwh* tuo Dio, che ti ho fatto uscire dal paese d'Egitto, dalla casa di schiavitù». Dio, dunque, si presenta come il liberatore, e la sua legge è l'espressione della sua volontà liberante. Questo è anche il senso del *midraš*, che mette sulla bocca di Dio una sentenza scultorea: «non vi ho dato la Torah perché sia per voi un peso e perché la portiate, ma perché la Torah porti voi». La Legge opera in pienezza quando aiuta l'uomo a diventare libero.

A questo proposito bisogna ancora notare che – nella versione del Deuteronomio – sia i comandamenti della prima tavola riguardanti *Jhwh* (vv. 6-11) sia quelli sociali che riguardano il prossimo e le sue proprietà (vv. 16-21) sono rappresentati nel comandamento del Sabato (vv. 12-15), che si trova al centro della struttura. In questo modo, la versione deuteronomistica – a differenza dell'altra redazione che aggancia il Sabato alla creazione (cf. Es 20:8-11) – presenta il precetto del Sabato come «il simbolo dei doveri verso *Jhwh*, il Dio liberatore (5:6,15), e verso il prossimo 'liberato' (5:14,21)».[15]

L'astensione dal lavoro, nel giorno di Sabato, significa, dunque, riconoscere anzitutto la liberazione di Dio. *Jhwh* chiede a Israele di «non fare opere» nel settimo giorno, perché la salvezza è prima di tutto un dono: «opera di Dio». La Bibbia connette il sostantivo *?abbat* (sabato) e il verbo *?abat* (cessare, interrompere). Questo non fare dell'uomo è celebrazione del fare di Dio.[16] La santificazione del Sabato ricorda all'uomo che non sono le sue mani che hanno procurato la liberazione. Il Sabato è necessario per fare memoria del dono di Dio, per celebrare il memoriale della salvezza che viene da Lui.

La dimensione sociale del precetto del Sabato è espressa soprattutto a conclusione del v. 14, dove si comanda:

> non fare lavoro alcuno né tu, né tuo figlio, né tua figlia, né il tuo schiavo, né la tua schiava, né il tuo bue, né il tuo asino, né alcuna delle tue bestie, né il forestiero, che sta entro le tue porte, perché il tuo schiavo e la tua schiava si riposino come te.

«Santificare il sabato» non significa solo riconoscere di essere stati liberati da Dio, ma anche fare dono agli altri di ciò che costituisce la pienez-

---

[15] J.L. SKA, *Introduzione alla lettura del Pentateuco. Chiavi per l'interpretazione dei primi cinque libri della Bibbia*, Bologna, 2000, 63
[16] Nel v. 15 abbiamo l'espressione *fare il sabato*.

za dell'uomo liberato. Il figlio o la figlia, lo schiavo e la schiava, l'immigrato, gli animali che lavorano, sono soggetti ad altri: sono sudditi. Il Sabato significa responsabilità, riconoscimento e costruzione della fondamentale libertà e uguaglianza di tutti gli esseri davanti a Dio. Il Sabato è esteso all'immigrato e perfino agli animali, segno delle coordinate universali della salvezza, del rispetto profondo che l'uomo deve avere per le creature e il cosmo. Il ritmo del tempo diviso tra giorni lavorativi e riposo – che già regola la vita dell'uomo nel quadro della settimana – diventa legge anche per la terra e per i poveri che la abitano. In effetti, l'importanza dello Shabbat nella tradizione d'Israele è tale che equivale a tutti i comandamenti della Torah, come sottolinea Rabbi Eleazar bar Avina, il quale commentando Neh 9:14 («hai fatto loro conoscere il tuo santo sabato e hai dato loro comandi, decreti e una legge per mezzo di Mosè tuo servo») sentenzia: «il Sabato equivale a tutti i comandamenti della Torah».[17] Possiamo dunque riconoscere che se il decalogo rivela tutta la giustizia di Dio, ossia tutto ciò che Dio chiede all'uomo – in Dt 5:22 dopo le «dieci parole», si conclude: «e non aggiunse altro» – il Sabato di liberazione è il cuore della Volontà divina e dell'impegno umano.[18]

Concluderei questo aspetto, sul legame tra Legge ed Esodo, notando che esso esprime qualcosa di essenziale sulla funzione della Legge. L'ebraismo ha inteso la Legge «scolpita» sulla pietra (ḥarūt) come una legge di «libertà» (ḥerūt). Questo rapporto tra Legge e libertà va assolutamente salvaguardato, se si vuole arrivare a una giusta considerazione della Torah che, nella tradizione di Israele, non ha affatto per sua natura una dimensione coercitiva e intimidatoria. La legge è data perché l'uomo diventi libero e viva in pienezza tutti i giorni della sua vita. Una legge autentica non uccide la vita, ma la esalta.

Reato e giustizia nel profetismo

Anche nei profeti notiamo le stesse dinamiche emerse nella Torah. Da una parte abbiamo un'accusa dura e intimidatoria, seguita dall'annuncio della sanzione, dall'altra i correttivi che fanno emergere un'altra dimensione della giustizia, molto più penetrante. L'esperienza profonda della giustizia divina da parte dei profeti, e la critica radicale all'esercizio che ne facevano i sovrani d'Israele, produssero un movimento di pensiero alternativo alla logica strettamente corrispettiva! Un pensiero che affondava le sue radici nella logica dell'Alleanza.

---

[17] *T.J. ber.* 1.3c
[18] Altre interessanti considerazioni sui dieci comandamenti come legge di libertà in R. Meynet, «Les dix commandements, loi de liberté. Analyse rhétorique d'Ex 20:2-17 et de Dt 5:6-21» in *Mélanges de l'Université Saint-Joseph* 50 (1984) 405-421.

La crisi della logica sanzionatoria nel Profetismo

Alla base della denuncia profetica si nota inizialmente lo stesso procedimento giudiziario riscontrato nel Pentateuco. Per esempio, in Ger 25:4-14 Giuda viene castigato per la sua idolatria, e Dio si presenta come «Colui che ripaga secondo le opere delle mani dell'uomo» (Ger 25:14). Certo, il *mišpaṭ* di Dio è veramente 'giusto', rispetto al giudizio umano, inficiato spesso da favoritismi, corruzione ed errori, perché Dio non si lascia corrompere e dà a ciascuno secondo le sue opere (Sal 62:13). In ogni caso, lo schema procedurale classico, conforme alle regole del diritto, rimane anche nel pensiero dei profeti.

In un poderoso discorso, che abbraccia i primi due capitoli del libro, il profeta Amos, enuncia, per 7 volte + 1, i particolari motivi dell'accusa contro i colpevoli e, infine, il verdetto con la sentenza. L'oracolo più lungo e più violento è l'ultimo, contro Israele (2:6-15), accusato di oppressione dei poveri, prostituzione, orge e corruzione. Il castigo divino viene descritto con l'immagine di Israele paragonato a un carro impantanato nel terreno, senza possibilità di muoversi, e a un esercito in ritirata che cerca invano di fuggire.

E tuttavia, anche in un contesto di condanna estrema, senza visibili vie d'uscita, la conclusione del libro ricorda l'originaria volontà salvifica di Dio, con la suggestiva immagine di *Jhwh* che si fa carpentiere e ripara le rovine della casa di Davide (Am 9:11). Questo testo è stato considerato dagli studiosi come un'inserzione posteriore, ed è comprensibile: in un contesto globale di giudizio, i pochi oracoli di salvezza presenti in Amos sono stati visti come riletture post-esiliche. Ma anche questa è profonda sapienza e riconoscimento che la volontà salvifica attraversa persino le pagine più lugubri della storia. Alla luce del disastro esilico, la comunità di Israele comprese che la volontà di *Jhwh* – nonostante il castigo – non esigeva la morte del suo popolo, ma la conversione e la vita.

Emerge qui la crisi di fondo che attraversa la questione della giustizia già nel Primo Testamento. Perché anche un verdetto giusto sottolinea pur sempre il carattere corrispettivo, che risponde alla violenza con una violenza. La punizione inflitta al colpevole è senza dubbio meritata, e la sanzione è senz'altro legittima, ma può un tale ordinamento rispondere all'intenzione divina che vuole la salvezza di tutti? Può una certa condanna 'convincere' il colpevole, oltre che 'vincerlo'? Soprattutto se la condanna è definitiva, può l'autore della vita togliere la vita?[19]

---

[19] André Wenin esprime un concetto analogo quando afferma che legge e giustizia, lasciate a se stesse, sono impotenti a neutralizzare la violenza. «Da qui la necessità, per giungere a questo, di una dimensione che oltrepassi la giustizia» (A. Wenin, *Dalla violenza alla speranza*, Magnano [Bl], 2005, 114).

Di fronte a questi interrogativi, si comprende come il Profetismo abbia voluto riflettere con maggiore profondità sulla percezione di Dio e della sua giustizia e la parabola del profeta Osea esprime il cambio di prospettiva, con accenti lirici di straordinaria intensità. Narrativamente si tratta della conversione di Dio il quale, da una logica simmetrica – per cui al delitto corrisponde il castigo – passa a una logica asimmetrica, di gratuità piena. Si tratta di una nuova comprensione di Dio e della sua giustizia.

Più in dettaglio, leggendo Os 2:4-25 si notano chiaramente due sezioni: la prima (2:4-15) è pervasa da un vocabolario di accusa, minaccia e castigo, mentre la seconda (2:16-25) presenta un cambio radicale: scompare il vocabolario improntato alla punizione e al giusto corrispettivo e fiorisce tutta una terminologia che fa riferimento alla relazione e all'intimità, indice di una volontà che vuole a ogni costo recuperare l'altro e non punirlo.

Nella prima sezione (2:4-15), dopo le pesanti accuse di idolatria e prostituzione rivolte a Israele, Dio pronuncia la sua sentenza:

> Per questo le toglierò di nuovo il mio grano a suo tempo, il mio vino nella sua stagione; riprenderò la mia lana e il mio lino, con cui coprivo la sua nudità. Ne scoprirò l'infamia dinanzi agli amanti, e nessuno la libererà dalle mie mani; porrò fine alle sue gioie e feste, noviluni, sabati, a tutte le sue solennità. Devasterò la sua vite e i suoi fichi, di cui diceva: sono il mio prezzo, dato dai miei amanti. La ridurrò a una sterpaglia, la divoreranno le bestie, le chiederò conto di quando offriva incenso ai ba'al, adornandosi di anelli e collane, per andare coi suoi amanti, mentre dimenticava me! Oracolo del Signore (2:11-15).

Questo giudizio 'giusto' crea non poca difficoltà da un punto di vista storico-salvifico, perché se da una parte rende giustizia alla parte lesa, dall'altra esclude la salvezza del colpevole. Tanto è vero che Osea sembra trovarsi a disagio di fronte a questo desiderio vendicativo da parte di Dio e al proposito di intervenire in modo paradossalmente contraddittorio alla sua stessa natura: *Jhwh* è un Dio che salva e non castiga, dà e non toglie, offre la vita e non la morte...

Nella seconda sezione (2:16-25) si manifesta il cambio di strategia: è una svolta radicale.

> Per questo io la sedurrò, la ricondurrò al deserto e parlerò al suo cuore. Allora le restituirò i suoi vigneti e farò della valle di Acor la porta della speranza. Là ella canterà come ai giorni della sua giovinezza, come il giorno in cui salì dalla terra d'Egitto. In quel giorno, oracolo del Signore, ella mi chiamerà «Marito mio» e non mi chiamerà più «Mio Baal». Toglierò i nomi dei Baal dalla sua bocca e non si ricorderanno più del loro nome. Farò per loro un patto in quel giorno con le bestie dei campi, con gli uccelli del cielo e i rettili della terra; l'arco, la spada e la guerra li bandirò dalla terra e li farò dormire tranquilli. Io ti prenderò in sposa per sempre; ti sposerò a me nella giustizia e nel diritto, nella benevolenza e nell'amore; ti sposerò a me nella fedeltà e tu conoscerai il Signore.

Di fronte alla sposa che non si converte, Dio stesso si ricrede: «se lei non cambia – sembra pensare – cambierò io!». È di questa nuova prospettiva che si parla nei vv. 16-25, introdotti dal v. 16, che esprime, con densa partecipazione, il nuovo progetto: «la sedurrò, la ricondurrò nel deserto, parlerò al/sul[20] suo cuore». Prevale l'intenzione di ricominciare. Andare insieme nel *deserto* significa ritorno alle origini[21] mentre «parlare al/sul cuore»[22] esprime il progetto di convincere l'altro con le armi della tenerezza e dell'affetto e non con quelle della punizione e della vendetta. I versetti seguenti (vv. 21-22) ci presentano solennemente la stipulazione della nuova alleanza. L'iniziativa è di *Jhwh* e viene ripetuto per tre volte il verbo *'rś* (prendere in sposa) che esprime l'atto giuridico del matrimonio.[23] La sua utilizzazione nel nostro contesto ha un'intensità straordinaria, se si tiene conto che *'rś* è un verbo usualmente utilizzato per una vergine, mentre qui viene riferito a una prostituta adultera.[24] «La non-amata» (1:6) ritorna ad essere

---

[20] La costruzione ebraica permette ambedue le traduzioni.

[21] Nel deserto Israele non sostituiva i *ba'alîm* a *Jhwh* e neppure tentava di catturare Dio con un culto tanto sfarzoso quanto vuoto (cf. Ger 7:22; Am 5:25), ma si lasciava guidare: dipendeva in tutto e per tutto da Dio, era tutto e solo di Dio. Ger 2:2 lascia emergere proprio questa prospettiva, quando parla di una terra arida come un luogo di fedeltà e di amore: «mi ricordo di te, dell'affetto della tua giovinezza, dell'amore al tempo del tuo fidanzamento, quando mi seguivi nel deserto, in una terra non seminata». La menzione del deserto in Os 2:16 ha un significato analogo a quello di Ger 2:2: la precarietà e il denudamento, che esso impone, permettono di ritrovare la sorgente e la ragione del proprio esistere. Una peculiarità di Israele è quella di aver mantenuto viva, anche nella sedentarietà, la memoria della sua vita nomadica. Non bisogna pensare tuttavia a questa memoria in chiave romantica. Nella tradizione biblica, il deserto ha soprattutto una valenza teologica. In due sensi. Anzitutto è il luogo della prova, dove Israele riconosce ciò che ha nel cuore (cf. Dt 8:1-5), i punti di riferimento essenziali della sua vita. In secondo luogo è il tempo della completa dipendenza da *Jhwh* e dell'autentica sequela (cf. Dt 29:4-5). In una situazione di insediamento è forte la tentazione di poggiare la propria esistenza su ciò che si ha, sugli idoli costruiti dalle proprie mani; in una situazione di spogliamento, invece, si apprezza la gratuità del dono.

[22] L'espressione viene usata nella Bibbia quando uno dei partner si trova in una situazione di angustia, di pericolo e di peccato. In Gdc 19:3 viene utilizzata a proposito di un levita che si reca dalla propria moglie, fuggita da casa, per convincerla a tornare (cf. anche Gn 43:3 e Rut 2:13).

[23] La radice verbale, oltre che nel nostro testo, appare in 2 Sam 3:14; Dt 28:30 e nelle leggi del Deuteronomio sul matrimonio (Dt 20:7; 22:23,25,27,28).

[24] Intense sono pure le espressioni che accompagnano di volta in volta la triplice ricorrenza del verbo. *Le'ôlam* (per sempre – v. 21a) indica la stabilità, perché questa volta sarà un amore divino incondizionato. Nei vv. 21b-22a abbiamo anche il prezzo pagato per la sposa, secondo il costume antico: non oro e argento, però, ma attitudini personali; non beni materiali corruttibili, ma beni incorruttibili: diritto e giustizia (piano giuridico), amore benevolo e tenerezza (piano affettivo) e fedeltà (stabilità). Su queste nuove solide basi sarà possibile fondare un matrimonio eterno. Alla nuova iniziativa del marito, la sposa risponderà con la 'conoscenza'. Il verbo *yāda'* (conoscere) include tutte le sfumature della conoscenza matrimoniale, compresa quella sessuale (cf. Gn 19:8; Nm 31:17; Gdc 11:39; ecc.), ma essenzialmente indica sempre un rapporto che raggiunge l'intimità dell'altro: non semplicemente un fatto esterno e superficiale, dunque, o puramente corporale, ma una relazione profonda e autentica... La nuova iniziativa di Dio mira a questo scopo.

«amata» e il «non-mio-popolo» (1:9) si trasforma in «mio-popolo», secondo la formula dell'alleanza: «Io sarò il vostro Dio e voi sarete il mio popolo». Così Dio è di nuovo principio e fine di tutto, e questa armonia, espressione del cambiamento radicale avvenuto, diventa il segno di una restaurazione escatologica (cf. Is 11:6-8; 65:25; Zc 9:10; Ez 34:25).

La storia di Osea e Gomer fa riflettere da un punto di vista strettamente giuridico, perché non è soltanto la storia di un amore non corrisposto: è soprattutto la parabola di una maniera di concepire la giustizia divina. Viene manifestato un concetto di 'giustizia corrispettiva' che a poco a poco si trasforma in 'giustizia salvifica'. Osea/Dio si converte a un modello oblativo, percorrendo la strada che va da propositi di vendetta a un amore responsabile e salvifico. Si passa cioè dall'amore inteso come affermazione dei propri diritti all'amore inteso come «essere-per-l'altro». La concezione dell'amore, che si manifesta nei primi 15 versi del capitolo, si rivela immatura, perché ruota intorno a ciò che è proprio e 'appartiene': l'altro/a è amato/a non per quello che è, ma per quello che ha e che dà. La seconda parte, invece, testimonia un amore oblativo e maturo, che «tutto sopporta, tutto crede, tutto spera, tutto tollera» (1 Cor 13:7).[25] Osea – come ogni uomo – deve convertirsi al modello divino, che Paolo, nella lettera ai Romani, esprime mirabilmente con l'espressione «Dio-per-noi» (Rom 8:31).

Il rîb: la giustizia nell'orizzonte del perdono

La pagina di Osea ci permette così di approdare a un tipo di approccio alla giustizia, che risulta fondamentale nella letteratura profetica, e che viene conosciuto come *rîb* o «contesa bilaterale».[26] Il verbo *rîb* ha un significato ampio, che va dal senso di «convocare in giudizio» a un senso più specifico che concerne la contesa giudiziaria tra due parti sulla base di una relazione di carattere giuridico.[27] Nel *rîb* non c'è un giudice, come nel *mišpaṭ*, l'altro tipo di procedimento giuridico: non è previsto l'intervento di un terzo che giudica, *super partes*, tra due contendenti, ma la questione è rimessa direttamente ai soggetti della contesa. Nel *rîb* ci sono la parte lesa e quella colpevole che si affrontano in un contraddittorio, per risolvere la controversia. Il *rîb* esprime soprattutto le contese in ambito familiare: le

---

[25] H. SIMIAN-YOFRE, *Il deserto degli dei. Teologia e storia nel libro di Osea*, Bologna, 1994, 148-149.

[26] Per questa materia sono debitore allo studio di P. BOVATI, *Ristabilire la giustizia*.

[27] Perché si possa dare un *rîb* si richiede pertanto un legame di natura giuridica. L'esempio classico è quello del rapporto matrimoniale in cui i due soggetti sono legati da una relazione di appartenenza reciproca. Anche il patto che lega Dio e Israele va compreso in questa ottica, a motivo dell'alleanza stipulata al Sinai.

situazioni conflittuali tra padre e figlio, moglie e marito..., ma viene assunto anche come metafora di rapporti più ampi, tra gruppi e nazioni, allo scopo di comprendere il senso della storia come storia di alleanza. La ribellione nei confronti del padre, l'infedeltà nei confronti del coniuge incrinano un rapporto che, oltre ad essere giuridico, è anche – soprattutto – un rapporto di stima e di amore. Di fronte all'offesa, però, la vittima non ricorre al giudice, ma utilizza quelle armi che sono in suo potere per portare il colpevole al ravvedimento. L'amore autentico, infatti, mette in moto ogni iniziativa per ristabilire il rapporto. Si tratta, insomma, di un vero e proprio 'contraddittorio', che si instaura per stabilire chi sia il colpevole e chi l'innocente, non al fine di condannare il peccatore, ma di riconciliarsi con lui.[28] Nel contesto del legame tra Dio e Israele appare evidente che *Jhwh* è stato fedele al patto, mentre il popolo lo ha tradito. Dio, allora, come parte lesa accusa Israele e lo minaccia di castighi, allo scopo di ottenerne il pentimento e la conversione. L'accusa, dunque, ha lo scopo di portare Israele a riconoscere la sua colpa e il suo fallimento, dovuto ai suoi peccati. In questo tipo di processo, paradossalmente, si accusa perché si ama: Dio contesta perché vuole che l'uomo riconosca la sua colpa e, così facendo, possa ristabilire la relazione nella giustizia e nella verità. È naturale che l'ammissione del proprio peccato è necessario, perché il peccato non riconosciuto, anche se apparentemente sopisce la contesa, di fatto cova sotto la cenere, per esplodere poi di nuovo, in tutta violenza. La confessione della propria colpa, invece, permette la conclusione del processo con la riconciliazione delle due parti. La menzione della storia passata, a cui si fa spesso riferimento in questo tipo di controversia, ha la specifica funzione di dimostrare chi abbia ragione e chi torto, ma ogni accusa ha di mira la riconciliazione: tutto si svolge nell'orizzonte del perdono. Mentre nel *mišpaṭ* l'accusa ha la funzione di convincere il giudice ad emettere un verdetto di condanna nei confronti del colpevole, nel *rîb* si ha di mira la salvezza del partner, il suo ravvedimento, il suo ritorno. Si tratta di una giustizia a misura d'uomo, una porta di speranza verso la riconciliazione.

È naturale che questa giustizia nell'orizzonte del perdono sia molto più confacente alla dignità di Dio e alla dignità dell'uomo, aspetti che vengono esaltati e portati a compimento nel Nuovo Testamento.

---

[28] Questo tipo di processo è un genere attestato nella letteratura profetica, ma anche fuori: si può pensare per es., a 1 Sam 24 o al Sal 50. Nel primo testo si parla di Saul e Davide legati da un vincolo di parentela (suocero-genero e signore-vassallo). Saul perseguita a morte Davide, il quale avendo una volta l'occasione di vendicarsi, risparmia invece il suocero e ottiene di confrontarsi con lui in giudizio. Davide procede ad una specie di requisitoria e, alla fine, Saul riconosce la propria colpa affermando «Tu sei innocente e non io» (24:18). Un bell'esempio di questo procedimento si può rinvenire anche in Mi 6:1-7:7.

Reato e giustizia nel Nuovo Testamento

Nel Nuovo Testamento si nota, da una parte, una continuità di aspetti metodologici e tematici con l'Antico Testamento e, dall'altra, un salto di qualità dovuto, senza dubbio, al messaggio e alla vita di Gesù di Nazareth. Bisogna tuttavia notare che la scoperta della vera immagine di Dio e della sua giustizia conosce anche nel Nuovo Testamento un procedimento variegato, e che solo a poco a poco la logica di carattere simmetrico cede il posto a un amore asimmetrico, testimoniato eminentemente dalla croce. È di questo processo che vorrei ora occuparmi.

L'imitatio Dei *come misura dell'amore*

L'amore asimmetrico irrompe con forza nel discorso della Montagna. Il discorso è stato definito la *magna charta* del cristianesimo e, in effetti, ha tutti i requisiti per essere compreso come un discorso programmatico, che traccia le linee fondamentali del Regno di Dio e della sua accoglienza.

Una sezione estremamente rilevante di questo discorso è costituita dalla trattazione del rapporto tra Gesù e la Legge (Mt 5:17-48). Si tratta di un brano considerevole dal punto di vista teologico, perché propone la lettura messianica dell'Antico Testamento e delle sue leggi. Si articola in una dichiarazione introduttiva (5:17-20) – che ha la funzione di prevenire il lettore da eventuali fraintendimenti – e sei enunciati (5:21-47), conclusi da una sentenza riassuntiva (5:48). A noi interessa soprattutto il sesto enunciato (Mt 5:43-48), che chiude anche l'intera sezione, rappresentando il climax di tutto il brano, il punto più alto e più intenso verso cui si è gradatamente sviluppato il discorso. Il contenuto concerne l'amore dei nemici, ma il passo dice molto di più, perché offre dei criteri di giustizia che trovano il loro modello nell'*imitatio Dei*.

L'inizio è costituito dalla citazione del Levitico: «Tu amerai il tuo prossimo come te stesso», ma con un'aggiunta che desta non poco imbarazzo, perché «e odierai il tuo nemico», così formulata, non si trova in nessun luogo dell'Antico Testamento. Tanto più che Es 23:4 contiene un monito assai lontano dall'odio del nemico: «Quando incontrerai il bue del tuo nemico o il suo asino dispersi glieli riporterai».[29] L'appendice matteana ci obbliga dunque a qualche considerazione ulteriore.

Le interpretazioni rabbiniche sull'amore del prossimo non erano concordi. Alcune scuole ritenevano che si potesse considerare *rēa'* (prossimo) il compatriota giudeo oppure il proselita, mentre un filone di pensiero più

---

[29] Dt 22:1-4 lascia comprendere il nemico all'interno dello stesso popolo, mentre Lv 19:33-34 rimanda al forestiero.

tardivo e più restrittivo considerava come prossimo il fratello nella Torah, che osserva i comandamenti.³⁰ Esisteva però una linea di interpretazione rabbinica che, giocando sulla radice ebraica – vocalizzata con *sere* significa 'prossimo' (*rēaʻ*) e vocalizzata con *patah* significa 'malvagio? (*raʻ*) – insisteva sull'amore del prossimo anche se malvagio. In ogni caso, l'aggiunta di Matteo potrebbe benissimo spiegarsi alla luce della prassi comune che riteneva gli avversari di ogni tipo come nemici. Ai membri della setta di Qumran, per esempio, era richiesto di odiare «i figli delle tenebre» (1 QS 1:10) e «tutto quello che Dio ha respinto» (1 QS 1:4), mentre gli Zeloti consideravano l'uccisione dei senza-Dio un comandamento, secondo la massima: «chi versa il sangue di un empio è come colui che offre un sacrificio» (cf. EsR 22:3).³¹

Alla luce di questo sfondo, l'amore dei nemici e la preghiera per i persecutori³² è ancora più paradossale, perché Gesù consegna ai suoi discepoli un modello radicalmente diverso dalla «misura della giustizia» vigente nei codici e nel costume. A differenza di Qumran – che considera fratello solo chi appartiene alla stessa Comunità – e a differenza della prassi quotidiana – che di fronte all'aggressore si arma e reagisce – Gesù chiede ai suoi di considerare prossimo anche i propri persecutori.³³ L'imperativo di Gesù blocca la logica che regola il diritto leso e l'istinto umano, proponendo un rapporto libero di amore fattivo e asimmetrico: «odia il tuo nemico» diventa «amate i vostri nemici».

Il v. 45 pone in evidenza la motivazione presentando un tema caro a Matteo e a tutta la letteratura cristiana primitiva: l'*imitatio Dei*. Il motivo che fonda l'amore verso i nemici è il comportamento del Padre, che respinge il malvagio e fa sorgere il suo sole sui malvagi e sui buoni (Mt 5:45). Il Sal 145:9 afferma che «il Signore è buono con tutti e la sua compassione è per tutte le sue creature». L'atteggiamento cristiano non si ispira, pertanto, a un puro umanesimo, perché il fondamento è teologico. Svincolato dal principio di reciprocità e da qualsiasi finalità e/o tatticismo – inclusi la

---

³⁰ Rashbam, per es., commenta Lev 19 in questa maniera: «Tu amerai il tuo prossimo come te stesso se egli è (veramente) tuo prossimo, (cioè) se è buono; ma non se è cattivo, come sta scritto "Temere il Signore significa odiare il malvagio"» (cf. R. Neudecker, «"And You Shall Love Your Neighbor as Yourself – I Am the Lord" (Lev 19:18) in Jewish Interpretation» in *Biblica* 73 (1992) 499-501.

³¹ Cf. a proposito M. Hengel, *Die Zeloten. Untersuchungen zur jüdischen Freiheitsbewegung in der Zeit von Herodes I. bis 70 n. Chr.*, Leiden – Köln, ?1976, 162.

³² Il parallelo di Luca non fa allusione alla persecuzione della Chiesa. Per la persecuzione delle prime comunità cristiane cf. soprattutto il libro degli Atti e le lettere di Paolo.

³³ I nemici di cui si parla nel testo sono soprattutto i persecutori (cf. il parallelismo tra 44a e 44b). In Mt 10:22-23 *miseō* e *diōkō* esprimono l'odio espresso contro i discepoli a causa della loro appartenenza a Cristo (*dia to onoma mou*:10,23). Cf. U. Luz, *El Evangelio según San Mateo, I: Mt 1-7*, Salamanca, 2001, 443.

conversione e il legame 'naturale' – l'amore cristiano trova la sua ragione solo nel comportamento di Dio. Non si presenta neppure un modello stoico, né il rischio umano che scommette sull'amore per conquistare l'avversario.[34] Non vengono menzionati eventuali risultati futuri. Viene solo presentato il modello divino e l'obiettivo di diventare figli del Padre celeste.

La sentenza conclusiva del v. 48 – «Voi dunque siate perfetti, come perfetto è il Padre vostro celeste» – riassume e finalizza il cammino del lettore.[35] La richiesta di una condotta etica comparabile a quella divina sembrerebbe quantomeno audace, ma la tradizione ebraica ha sviluppato la stessa idea, sulla base della massima contenuta in Lv 19:2: «siate santi poiché anch'io, il Signore vostro Dio, sono santo».[36] La perfezione del Padre è vista nell'universalità gratuita del suo amore che «fa sorgere il suo sole sopra i malvagi e sopra i buoni» (v. 45). In questo sta infatti la perfetta attuazione della Volontà di Dio e Matteo invita i suoi lettori a riprodurre, nel proprio modo di amare, i tratti caratteristici dell'amore benevolo e misericordioso di Dio, imitando la sua magnanimità e la sua bontà verso i buoni e i malvagi. Il nemico e l'ingiusto restano per il cristiano 'prossimo' e l'amore nei loro riguardi diventa il criterio della nuova comprensione e perfetta attuazione della Volontà di Dio rivelata e attuata da Gesù. L'essere *teleios* consiste nell'esercizio del comandamento dell'amore in maniera illimitata e incondizionata, come lo esercita Dio stesso, e come lo ha rivelato Gesù. Per un cristiano, il criterio della reciprocità vendicativa è inimmaginabile e la legge del taglione è definitivamente superata.

Eppure, proprio da qui nasce il problema, già intravisto nel Primo Testamento perché, accanto a inconfondibili enunciati di amore gratuito, alcuni detti e fatti evangelici tradiscono una carica di violenza e un *animus* punitivo, che non ci si aspetterebbe. La visione che Gesù ha del Padre sembra riflettere talvolta un sistema giudiziale simmetrico, che pone in reciproca dipendenza colpa e punizione. I famosi «guai» contro le città incredule della Galilea, ad esempio, sembra improntato sulla pura giustizia simmetrica: il verdetto divino sarà proporzionato alla malvagità delle città impenitenti (Mt 11:21-23 // Lc 10:13-15). A parte le formule colorite e le im-

---

[34] Diversamente, invece, negli scritti dello scrittore greco Diogene Laerzio, autore delle *Vite dei filosofi illustri*, che consiglia il buon comportamento come mezzo per conquistare i nemici (8.1.23).

[35] L'ideale della 'perfezione' si trova sia nell'Antico Testamento sia in Qumran. Nell'Antico Testamento *tām* significa 'integrità fisica' (cf Lv 11-15), 'rettitudine etica' (cf Gn 17:1; Dt 18:13) oppure 'irreprensibilità nell'osservanza della Legge' (cf. Sal 119:1: «beato l'uomo dalla condotta perfetta (*tām*) che cammina nella legge del Signore»). In Qumran «la condotta perfetta» (1 QS 8:21; 9:2.5-6,8-9) concerne l'obbedienza totale e senza riserve della legge, secondo la comprensione che ne ha la setta. Nei Vangeli l'aggettivo *teleios* si trova solo in Matteo: qui e in 19:21.

[36] In Lv si tratta primariamente della santità cultuale-sacrale; in Matteo della santità della decisione del cuore e dell'azione.

magini plastiche del fuoco, della Geenna e dello stridore di denti, l'impianto giudiziario sembra molto lontano dallo spirito del Discorso sul Monte. Come valutare tutto questo?

La colpa di tutti e la giustizia simmetrica

Mt 23:34-36 – che ha il suo parallelo in Lc 11:49-51 – costituisce un buon punto di partenza per affrontare il problema, perché l'atmosfera che vi si respira è del tipo appena menzionato. Il passo recita:

> Io vi mando profeti, sapienti e scribi. Ebbene, di essi, parte ne ucciderete mettendoli in croce, parte ne flagellerete nelle vostre sinagoghe e li perseguiterete di città in città. Verrà così su di voi tutto il sangue innocente sparso sulla terra, dal sangue del giusto Abele fino a quello di Zaccaria figlio di Barachia, che uccideste fra il santuario e l' altare. In verità vi dico: tutto ciò verrà su questa generazione. Gerusalemme, Gerusalemme, che uccidi i profeti e lapidi quelli che ti sono mandati, quante volte ho tentato di raccogliere i tuoi figli, come la gallina raduna i suoi pulcini sotto le ali e voi non avete voluto! Ecco: la vostra casa vi sarà lasciata deserta. Vi dico infatti: da ora in poi non mi vedrete, fino a quando non direte: «Benedetto colui che viene nel nome del Signore!».

Il primo aspetto da rilevare è che il testo parla del «sangue versato» lungo il cammino della storia della salvezza: «dal sangue di Abele fino al sangue di Zaccaria». Il passo, ovviamente, ha un carattere ricapitolativo: menzionare il primo omicidio di cui parla la Bibbia (quello di Abele) e l'ultimo (quello di un certo Zaccaria, di cui si parla in 2 Cr 24:20-22) è come tirare un arco che abbraccia tutta la storia sacra. Si deve dire dunque che c'è un filo rosso che attraversa la storia sacra e che ne fa una storia di violenza perpetrata nei confronti degli inviati di Dio.[37]

Lo stesso testo fa emergere, però, un altro aspetto, che travalica i confini della storia di Israele, per espandersi a tutto il genere umano. Matteo parla del sangue innocente «versato sulla terra (*epi tēs gēs*)», e Luca aggiunge «dalla fondazione del mondo (*apo katabolēs kosmou*)».[38] Nel greco classico, il sostantivo *katabolē* ha uno spettro semantico piuttosto ampio, ma nel Nuovo Testamento è circoscritto. In Gv 17:24 *pro katabolēs kosmou* indica il rapporto di unicità che esiste tra il Padre e il Figlio «prima di ogni

---

[37] Ciò risulta ancora più evidente se mettiamo a confronto Matteo e Luca. In Matteo i profeti, i sapienti e gli scribi perseguitati e uccisi sono profeti, sapienti e scribi cristiani: inviati da Gesù stesso (23:34). In Luca, invece, sono profeti e apostoli inviati dalla Sapienza di Dio (11:49). Forse i due sinottici fanno riferimento a diverse tappe della storia di salvezza. In ogni caso, si tratta essenzialmente di una complicità che unisce gli uomini nel disegno di morte contro gli inviati di Dio: i tempi cambiano, ma i risultati rimangono gli stessi.

[38] Matteo ha l'espressione nel contesto delle parabole, dove si parla della «rivelazione delle cose nascoste fin dalla fondazione del mondo» (Mt 13:35).

creazione e di ogni tempo».[39] In Luca abbiamo un *apo katabolēs kosmou*, che la Vulgata traduce con *a constitutione mundi* («dalla creazione»). È probabile che la preposizione *apo* contenga qui il senso temporale, indicando ciò che è avvenuto subito dopo la creazione del mondo. In ogni caso, viene espresso chiaramente che la violenza e il peccato appartengono alla storia dell'uomo e del creato. Non si tratta di una necessità metafisica, ma di un dato di fatto, una legge della storia, per cui – quanto ai delitti – i figli non sono migliori dei padri. «Se fossimo vissuti al tempo dei nostri padri, non saremmo stati loro complici nel versare il sangue dei profeti» (Mt 23:30): i figli credono di rimuovere la violenza che li abita dissociandosi dai delitti dei padri, ma così facendo «testimoniano contro se stessi, colmando la misura dei padri» (23:31-32). Non si tratta qui della trasmissione ereditaria di una colpa, ma di una struttura che informa l'esistenza umana: la cultura della morte è radicata nell'animo umano. Senza fare disquisizioni filosofiche o teologiche sull'origine della violenza, il testo di Q afferma dunque che la violenza plasma l'esistenza dell'uomo.

La chiusura mette ancora più in risalto questa tragica solidarietà nel peccato, che ritorna in diversi testi del Nuovo Testamento e soprattutto nella lettera ai Romani la quale, senza mezzi termini, lascia intravedere il peccato come retaggio comune: «la morte ha raggiunto tutti gli uomini, perché tutti hanno peccato» (Rm 5:12; cf. anche 3:23). Questa generalizzazione dell'accusa non era estranea al profetismo, ma è soprattutto il Nuovo Testamento che tematizza la storia dell'uomo come una strutturale ribellione a Dio e una continua ingiustizia nei confronti del fratello (Rm 5-7). A questo punto però emerge un altro problema, che potremmo definire del Dio simmetrico o – in termini girardiani – mimetico: se tutti sono colpevoli, come si può chiedere il conto «a questa generazione» (Mt 23,36 // Lc 11:51)? Se l'ingiustizia è praticata da tutti gli uomini, in tutta la loro storia, può Dio distruggere la sua creazione? Giustamente Bovon si chiede a proposito di Mt 23:34-36: «Che Dio si esprime qui? Il Dio vendicativo che punisce, reclamando il prezzo del sangue? Quale saggezza? Quella che equilibra sapientemente il peccato e la punizione o quella che coincide con la follia della croce che perdona?»[40] Un sistema – sia esso politico o religioso – che è consapevole della forza dirompente della violenza e che voglia funzionare, deve difendersi. La creazione di un codice di pene corrispettive ai delitti è alla base del sistema istituzionale. Ma è questa la logica di Dio? Il Dio Padre può ritenersi soddisfatto quando i figli vengono giustiziati? In fondo, l'atto di giustizia realizzato nella condanna giudiziaria irrevocabile non contiene un limite radicale, che va contro la natura stessa di Dio?

---

[39] Un'idea analoga applicata ai redenti si trova in Ef 1,4.
[40] F. Bovon, *L'Évangile selon Luc 9:51-14:35*, Genève, 1996, 213

Alcuni autori risolvono il problema in termini di giustizia retributiva. Uno studioso di Matteo, David C. Sim, sulla base del rilevamento fatto anche da altri autori dell'onnipresenza del tema del giudizio nel Vangelo di Matteo, presenta una tesi piuttosto radicale nel quadro degli studi matteani.[41] Partendo dall'ambiente escatologico apocalittico delle origini cristiane, Sim scorge nel Vangelo di Matteo un frutto maturo di questa tradizione, con evidenti paralleli con la setta di Qumran e con l'Apocalisse cristiana di Giovanni. A suo parere, Matteo sviluppa una forma di dualismo, in cui l'ordine cosmico è coinvolto in una disperata lotta per la supremazia: da una parte Dio, Gesù figlio dell'uomo e le forze angeliche, e dall'altro Satana e le forze del male. Il mondo dell'uomo è implicato in questo conflitto e ciascuno deve scegliere con chi stare. Sim lamenta la tendenza degli studiosi di Matteo a presentare in maniera piuttosto scolorita il giudizio, invece di mostrare che l'enfasi matteana non è solo e tanto nel giudizio in sé, ma nel forte contrasto tra premio e castigo, tra lo stato beatifico dei giusti e quello terrificante dei condannati. Matteo dunque avrebbe sviluppato un'escatologia apocalittica al cui centro è la ricompensa e la vendetta divina proporzionata alle opere. Il Figlio dell'uomo che ritornerà nella gloria per il giudizio finale, verrà ultimamente «to bestow magnificent rewards and to inflict horrific punishments. This is precisely what 'the judgement' means».[42] I giusti saranno fatti partecipi dello status angelico e della vita eterna in una nuova creazione, mentre i malvagi soffriranno eternamente e orribilmente nel fuoco della Geenna.[43]

La tesi di Sim non convince, per diverse ragioni, che tenterò di confutare nel paragrafo seguente, ma soprattutto per una: la lettura giudiziaria del Vangelo di Matteo (e del Nuovo Testamento), con la sua logica corrispettiva, non tiene conto della follia della croce.

---

[41] La sua opera porta il titolo: *Apokalyptic Eschatology in the Gospel of Matthew*, Cambridge, 1996.

[42] D.C. SIM, *Apokalyptic Eschatology*, 147. Cf. anche le pp. 129-147.

[43] Alcuni anni prima, anche RICHARD A. HORSLEY, professore dell'Università di Boston nel Massachusetts, aveva compreso il messaggio violento di Gesù alla luce dell'escatologia apocalittica di alcuni circoli giudaici che ponevano al centro la vendetta e la retribuzione da parte di Dio e del figlio dell'uomo costituito giudice del mondo (cf. *Jesus and the Spiral of Violence*, Minneapolis, del 1993). Secondo Horsley sarebbe difficile sostenere che Gesù sia stato un pacifista e il copione di un Gesù sobrio profeta della nonviolenza sarebbe stato tratteggiato tenendo presente il movimento zelota, ma non corrisponderebbe sostanzialmente ai dati evangelici (149). A parere di Horsley, non abbiamo certamente evidenza che Gesù abbia difeso direttamente ed esplicitamente la violenza o che sia stato un agitatore politico che incitava alla resistenza contro l'impero romano in Palestina, e tuttavia le sue profezie e i suoi detti mostrano una componente violenta, che si radicava nella visuale dell'imminenza di un giudizio divino sull'ordine che governava la società, e in un nuovo ordine che Dio avrebbe portato a compimento nella vita individuale e sociale di Israele (157, 164 e 322).

La croce come testimonianza dell'asimmetria di Dio

Prima di affrontare il punto nodale della croce, vorrei fare quattro osservazioni preliminari, che devono essere tenute presenti nell'interpretazione dei passi evangelici dove compare un Dio giusto giudice, che si attiene a un codice penale sanzionatorio.

a. Molto spesso, nei Vangeli, il richiamo alla vendetta e al giudizio avviene mediante il linguaggio parabolico, che è singolare, perché il racconto costruito nelle parabole è «fittizio di tipo particolare, 'direzionale', cioè finalizzato ad un certo scopo, costruito strategicamente per sortire un certo effetto».[44] Per cui, la descrizione del padrone che punisce il servitore malvagio, o del re che ordina la morte degli invitati recalcitranti, o del proprietario della vigna che fa perire i vignaioli... non può essere intesa come un'illustrazione diretta ed effettiva di quanto Dio fa o farà. Si tratta appunto di un linguaggio metaforico e va assunto come tale.

b. È vero anche che alcune pagine evangeliche – che accentuano esacerbatamene il tema della sanzione – tradiscono una mano secondaria. Come, ad esempio la spiegazione della parabola della zizzania (Mt 13:36-43), dove l'accento è sul momento della mietitura con il «figlio dell'uomo» e i suoi angeli che gettano nella fornace tutti gli operatori di ingiustizia, mentre la parabola (13:24-30) ha piuttosto di mira i puristi troppo zelanti della comunità che vorrebbero fare subito giustizia.

c. È vero ancora che di fronte ad un'accusa esacerbata – come quella di Gesù verso i Farisei in Mt 23 – bisognerebbe sempre chiedersi «se la violenza verbale non abbia un effetto catalizzatore della violenza fisica o morale richiamata»;[45] se cioè il giudizio divino evocato, per lo più in forma metaforica e al futuro, non eviti nella comunità primitiva un atteggiamento giustizialista, di tipo zelota.

d. Infine va rilevato che, in genere, nei testi evangelici, un Dio giusto che ripaga ciascuno secondo le sue opere trova la sua rivelazione suprema non nella storia, ma nel tempo escatologico (Mt 25,31-46). La convocazione per il giudizio finale crea di fatto un tempo di attesa che connota il giudizio presente come un giudizio revocabile e 'convertibile'.[46]

---

[44] V. Fusco, *Oltre la parabola. Introduzione alle parabole di Gesù*, Roma, 1983, 61

[45] E. Cuvillier, «Jésus aux prises avec la violence dans l'Évangile de Matthieu» in *Etudes théologiques et religieuses* 74 (1999) 343.

[46] Questa osservazione aiuta a comprendere anche Rm 13:4 impropriamente citato a proposito del diritto di conferire la pena di morte. Paolo sta parlando delle disposizioni da tenere di fronte alle autorità civili, il cui servizio viene visto nella cornice di un ministero che opera per il bene dei cittadini. Il suo intento è chiaramente parenetico e questo significa che non si teorizza alcuna dottrina politica e alcun sistema di potere; tanto meno lo *ius gladii*, di cui i magistrati godevano nelle provincie dell'impero romano. La parenesi è orientata nella direzione di un riconoscimento e di una sottomissione alle autorità civili (13,1) che «non va però

Queste quattro precisazioni smorzano la violenza di alcuni testi e vanno tenute presenti nel processo interpretativo. Oltre ad esse, però, esiste, a mio parere, un criterio supremo alla luce del quale vanno lette tutte le sentenze umane e divine che si rinvengono nel NT. Questo criterio supremo è la morte di Cristo. Si deve partire dalla croce come punto di comprensione assoluto del discorso sulla giustizia divina. La croce è il momento decisivo e risolutivo di Dio e dell'uomo: la verità suprema, pietra di paragone e d'inciampo di tutte le immagini di Dio, compresa quella di un Dio giusto giudice. La croce rivela la logica asimmetrica del Dio di Gesù. Questa si trova testimoniata anche nella tradizione profetica (basterebbe pensare al libro di Giona), ma il ministero di Gesù l'aveva messa in luce in alcuni passaggi estremamente significativi.[47] La croce è la parola ultima, che offre la chiave di lettura anche delle parole penultime: la giustizia di Dio (e dell'uomo) va definita a partire dalla croce. Benedetto XVI, nella sua prima lettera enciclica *Deus caritas est*, presenta una tale prospettiva partendo dal Vangelo di Giovanni:

> Lo sguardo rivolto al fianco squarciato di Cristo, di cui parla Giovanni (cfr 19:37), comprende ciò che è stato il punto di partenza di questa Lettera enciclica: «Dio è amore» (1 Gv 4:8). È lì che questa verità può essere contemplata. E partendo da lì deve ora definirsi che cosa sia l'amore. A partire da questo sguardo il cristiano trova la strada del suo vivere e del suo amare (12).

Violenza suprema subita dal *figlio dell'uomo*, la morte di croce rappresenta la fine della violenza e dell'immagine di un Dio sanzionatorio. La croce rappresenta il ritorno alle origini, alla vera intenzione di Dio, al suo Progetto sul mondo e sull'uomo, così come era nel piano originario.[48] Que-

---

assolutizzata, non tanto perché altrove Paolo sembra controbilanciare questo atteggiamento prendendo le distanze dalle autorità civili (cf. 1 Cor 6:1-11), quanto piuttosto perché la sua presa di posizione è storicamente e culturalmente condizionata». Il linguaggio di Paolo «dipende semplicemente dall'adeguamento culturale a un luogo comune, a un *topos* proprio dell'ambiente ellenistico e giudaico [...]. In particolare bisogna pur riconoscere che il principio dell'origine divina dell'autorità non esprime affatto una convinzione specificamente evangelica. Esso invece è un caso tipico di inculturazione dell'evangelo stesso» (R. Penna, «La dimensione politica *dell'ethos* cristiano secondo Rm 13:1-7 nel suo contesto» in *Ricerche storico bibliche* 18 [2006], sp. le pp. 204-208).

[47] Vedi sopra la trattazione su Mt 5:43-48.

[48] Forse non è inutile ricordare come – sul filo conduttore del principio *mimetico* – Girard vede il perpetuarsi del «meccanismo vittimario» su cui si fonda ogni sistema sociale nonché l'origine dei divieti e dei riti sacri vigenti nella società. Il transfert collettivo contro la vittima unica, responsabile della dissoluzione sociale, come della sua risoluzione, è l'evento fondatore su cui si radica il sacro arcaico. Secondo Girard, i testi biblici – e quelli evangelici in particolare – sono i soli che demistificano il meccanismo del *capro espiatorio*, ponendovi fine. «Solo l'antropologia evangelica, infatti, rende conto di quel meccanismo mimetico che consiste nel passaggio subitaneo dal *tutti contro tutti* al *tutti contro uno*; solo l'antropologia evangelica mette

sto permette due considerazioni: la prima è che, in Gesù e nei Vangeli (ma, direi, in tutto il messaggio biblico), anche per quel che riguarda l'aspetto specifico della giustizia, esiste un'evoluzione nella comprensione della Verità di Dio[49] e – seconda considerazione – che Gesù deve aver imparato questa Verità di Dio poco a poco, grazie soprattutto alla sua sofferenza. Un dato che è stato del resto rilevato anche dall'autore della lettera agli Ebrei che scrive: «pur essendo Figlio imparò l'obbedienza dalle cose che patì» (5:8). Vanhoye ha messo in luce l'audacia di questa sorprendente dichiarazione: *pathein* è *mathein*, soffrire significa imparare e Gesù non è sfuggito a questa legge.[50] Il tirocinio della sofferenza lo ha condotto alla comprensione e alla libera condivisione dell'autentico Volto del Padre, anche per ciò che concerne il tema della giustizia e della vendetta divina. La morte di Gesù, dunque, ridefinisce l'immagine di Dio e l'immagine dell'uomo. Non solo perché mette Dio dalla parte delle vittime e non dei carnefici, ma anche perché segna la fine di una certa comprensione di Dio e l'inizio di un'èra nuova, in cui l'arco tra le nubi dell'alleanza indistruttibile s'intreccia con il patibolo della croce.[51]

Questa prospettiva è ben esposta dal racconto della morte di Gesù secondo Luca. L'evangelista mostra Gesù crocifisso con i malfattori, secondo la parola di Is 53:12 che egli aveva citato in 22:37: «è stato annoverato tra gli iniqui (senza legge)». Solo Luca interpreta la passione alla luce di Is 53:12 (cf. At 8:32-33) ed è sintomatico che di Is 53 non si citi la funzione vicaria della morte del servitore né l'esaltazione ad opera di Dio, ma la sua solidarietà con il mondo dei peccatori. Nonostante la possibilità di auto-salvarsi e la triplice tentazione proveniente dai capi del popolo, dai soldati e da uno dei due malfattori, che si esprime sempre con lo stesso invito: «salvi se stesso / salva te stesso!» (Lc 23:35,37,39), Gesù resta solidale con l'uomo peccatore, fino in fondo. In questo senso, «la morte di Gesù crocifisso come un delinquente mostra che l'amore divino trova la strada per arrivare fino alla morte del delinquente», e che

> Dio ama l'uomo. Dio ama il mondo. Non un uomo ideale, ma l'uomo così com'è; non un mondo ideale, ma il mondo reale. L'uomo e il mondo nella loro realtà, che a noi paiono abominevoli per la loro empietà e da cui ci ritraiamo con dolore e ostilità, sono invece per Dio l'oggetto di un amore infinito che

---

in luce la funzione *diabolica* – ovvero *disgregatrice* – del mimetismo conflittuale, e il suo potere *simbolico* di *riaggregare* la comunità a spese della vittima» (A. SIGNORINI, nel saggio introduttivo al libro di R. GIRARD, *La pietra scartata*, Magnano, 2000, 23). Cf. anche R. GIRARD, «Violence and Religion» in P. WALTER (ed.), *Das Gewaltpotential des Monotheismus und der dreieine Gott*, Freiburg, 2005, 180-190.

[49] Un'evoluzione beninteso che è poi una *restitutio principii* (cf. p. 1).
[50] A. VANHOYE, *Sacerdoti antichi e nuovo sacerdote*, Torino, 1985, 104-106.
[51] G. BORGONOVO, «Giustizia punitiva e misericordia», 68.

l'unisce a loro nel modo più intimo [...]. Noi facciamo distinzioni fra pii ed empi, tra buoni e cattivi, tra nobili e comuni; Dio ama l'uomo vero senza distinzioni. Egli non sopporta che noi dividiamo il mondo e gli uomini secondo i nostri criteri per erigerci a giudici su di loro. Egli ci conduce *ad absurdum* diventando egli stesso [...] compagno dei peccatori, e obbligandoci così a diventare i giudici di Dio. Dio si pone a fianco dell'uomo vero e del mondo reale contro tutti i loro accusatori.[52]

Per Luca, sulla croce, non è più Dio che giudica l'uomo. Al contrario: Dio si lascia giudicare dall'uomo, rispondendo alla logica sanzionatoria con un nuovo inizio, segnato dal perdono. Questo significa che la volontà salvifica di Dio non abbandona l'uomo nemmeno là dove egli si mette contro Dio. In effetti, secondo Lc 23:34 la prima parola di Gesù in croce è una richiesta di perdono per i suoi carnefici, ed è proprio dalla posizione in mezzo ai malfattori che scaturisce questa offerta di perdono divino.[53] Qui la logica asimmetrica è più palpabile che negli altri due Sinottici: il Dio mimetico trova la sua morte definitiva, perché al primo posto non è più l'ordine da ristabilire o il malvagio da reprimere, ma l'uomo da salvare.

Conclusioni

Ho voluto inquadrare il tema della pena di morte nel discorso più ampio della giustizia, così come viene presentata nella Torah, nei Profeti e nel Nuovo Testamento, perché mi sembra il giusto contesto per affrontare il problema specifico. Tra i tanti aspetti possibili, che si potrebbero rilevare a conclusione del lavoro, vorrei menzionarne solo alcuni, che esprimono a mio parere un orientamento chiaro sull'inaccettabilità della pena di morte.

1. Da un punto di vista biblico, la giustizia (divina e umana) dice anzitutto relazione, rapporto con l'altro, prima che rapporto con un codice legale. Lévinas ha intuito molto bene questa dimensione relazionale che sta alla base del discorso biblico e le conseguenze etiche di una tale impostazione. Per Lévinas, il riferimento ultimo è il Volto, definito come «il modo in cui si presenta l'Altro, che supera *l'idea dell'Altro in me*».[54] Per cui, «a un soggetto rivolto verso se stesso [...] a un soggetto che si definisce per la cura di sé e che, nella felicità, attua il suo *per sé*, noi opponiamo il Desiderio dell'Altro [...] di un Altro che sono gli Altri, che non sono né il mio nemico

---

[52] D. BONHOEFFER, *Etica*, Milano, 1983³, 62-65.
[53] Anche se il primo stico di Lc 23:34 crea difficoltà per la sua assenza in manoscritti importanti (come il P75 e il Vaticano), tuttavia risulta perfettamente coerente con la visione storico-salvifica di Luca.
[54] E. LÉVINAS, *Etica e Infinito*, Roma, 1984, 49.

[…] né il mio complemento».[55] In questo contesto il Volto assume una specifica valenza etica; anzi rappresenta la struttura stessa dell'etica: «il Volto è ciò che non si può uccidere: o almeno ciò il cui *senso* consiste nel dire: tu non ucciderai».[56] In questa luce, specificatamente biblica, il *reddere unicuique suum* assume un altro spessore, se si tiene conto che l'altro è soggetto assoluto proprio in quanto altro da me.

2. Se giustizia dice anzitutto relazione, bisogna riconoscere che la relazione fondamentale, da cui tutte le altre dipendono e alla quale tutte si rapportano, è quella Dio-uomo. Essenzialmente, è proprio qui il motivo che ha guidato la mia ricerca. Da questo punto di vista, si deve non solo riconoscere che nella Bibbia è Dio, e non l'uomo, il supremo garante della giustizia, ma anche che in tutta la tradizione biblica «JHWH è sempre e solo il Dio della misericordia e della benedizione», per cui il castigo e la punizione, «l'oracolo di minaccia e la catastrofe non sono mai l'ultima parola: rimane sempre la speranza di un resto e di un futuro».[57] Il Dio biblico odia il male, ma non uccide mai la speranza che un uomo possa tornare a Lui.

3. In tema di giustizia e di giudizio, la Bibbia presenta un'evoluzione del pensiero, soprattutto nel percorso che va dal Dio guerriero al Dio che evoca a sé la vendetta, fino al Dio che si mette dalla parte della vittima. In questa evoluzione, la tradizione cristiana riconosce in Cristo il *kairos* decisivo: Colui che ha tracciato la linea e prodotto il passaggio. La croce di Cristo ha cambiato il metro del giudizio, restituendo all'uomo la vera immagine di Dio. Alla giustizia divina non può bastare che il malvagio sia vinto; a Dio preme che il colpevole sia redento. Di fronte alla violenza verso un debole la società deve ovviamente intervenire, ma può ritenersi soddisfatta una giustizia che, per estirpare il male, elimina il colpevole? La croce di Cristo dice che la giustizia divina è soddisfatta quando non solo Abele, ma anche Caino trova pace nell'abbraccio del Padre.

4. È ovvio che la logica del discorso della montagna che comanda l'amore del nemico e l'imitazione del Padre celeste – « che fa sorgere il suo sole sui cattivi come sui buoni e fa piovere sui giusti come sugli empi» (Mt 5:44-45) – non contiene anzitutto un codice legale che possa fungere da carta costituzionale per società o per stati. E tuttavia contiene una richiesta di attitudini nuove per individui e comunità, una domanda di motivazioni profonde, a cui la Chiesa non può e non deve rinunciare quando testimonia i fondamenti della convivenza umana.[58]

---

[55] E. Lévinas, *Umanesimo dell'altro uomo*, Genova, 1985, 67-68
[56] E. Lévinas, *Etica e Infinito*, 101.
[57] G. Borgonovo, «Giustizia punitiva e misericordia», 61, 67
[58] Cf. W. Egger, «Handlungsorientierte Auslegung der Antithesen Mt 5:21-48» in K. Kertelge (Hrsg.), *Ethik im Neuen Testament*, Freiburg/Br, 1984, 119-144.

La Chiesa non può e non deve prendere nelle sue mani la battaglia politica per realizzare la società più giusta possibile. Non può e non deve mettersi al posto dello Stato. Ma non può e non deve neanche restare ai margini nella lotta per la giustizia [...,] le spetta di contribuire alla purificazione della ragione e al risveglio delle forze morali, senza le quali non vengono costruite strutture giuste, né queste possono essere operative a lungo.[59]

Pontificia Università Gregoriana
Piazza della Pilotta, 4
00187 Roma

Massimo Grilli

SOMMARIO

L'articolo offre una riflessione sulla pena di morte e sull'aspetto coercitivo e sanzionatorio della Legge alla luce della visione biblica della giustizia. Lo studio propone un percorso che – partendo dalla Torah, passando per i Profeti e fino al Nuovo Testamento – conduce il lettore a mettere in dubbio la logica retributiva che – mediante una pena 'giusta' – vuole ristabilire l'ordine violato, dare a ciascuno quello che merita ed emendare il colpevole. L'immagine del Dio 'simmetrico' e l'idea della giustizia corrispettiva trovano nella croce il loro superamento. Nella morte di Cristo, al primo posto non è più l'ordine da ristabilire e/o il malvagio da sopprimere, ma l'uomo da redimere e da ricostituire a immagine di Dio (una *restitutio principii*!).

This contribution offers a reflection on the death penalty in the light of OT Law that enforced and sanctioned it only within the scope of the biblical understanding of justice. Starting therefore with the Torah and moving through the Prophets into the New Testament, the reader is called to question the logic behind retributive justice, as it attempts to re-establish the desecrated order. Retributive justice does so by means of a 'just' punishment, by giving everyone one's due, and through the emendation of the culprit. The cross, though, goes well beyond the understanding of God as symmetry and the concept of a 'matching' justice. In Christ's death, the first place cannot be accorded to an order that needs to be set right again; still less can it be given to the suppression of bad subjects. That first place must belong to the human person who cries out for redemption and asks to be re-created in God's image. This would amount to nothing less than a *restitutio principii*!

---

[59] Benedetto XVI, *Deus caritas est*, n. 28-29.

La pena di morte
L'attuale sviluppo magisteriale

La questione della pena di morte, ed in particolare i suoi risvolti etici, è facilmente rintracciabile tra le tematiche di ricorrente ed oggi anche di crescente attualità,[1] che interessano internamente e trasversalmente universi culturali, sociali e soprattutto religiosi e, tra quest'ultimi, non è escluso quello cattolico e con esso la teologia, soprattutto morale.[2]

Tuttavia, esattamente per l'etica teologica emerge e prende corpo un'evenienza che ne richiede l'esercizio peculiare, quando il compito profilato è quello che inerisce all'ermeneutica delle affermazioni del Magistero ecclesiale, che, come è noto, è da includere tra le fonti della corretta posizione e riflessione della stessa teologia.

Con queste scarne battute è indicata la prospettiva formale assieme al contenuto di questo articolo, che persegue, una volta accertato lo sviluppo delle recenti posizioni magisteriali sulla pena capitale, il distinto e correlato intento di definirne il senso, la consistenza e l'orientamento, pur tenendo presente, ma non affrontando direttamente, sia il più vasto dibattito interdisciplinare,[3] sia la problematica dello sviluppo delle dottrine morali e

---

[1] Cf. E. ZAMPARUTTI ([ed.), *La pena di morte nel mondo. Rapporto 2006*, Venezia, 2006. Un'ulteriore cifra di questa crescente attualità può essere la campagna recentemente lanciata dalla Conferenza episcopale statunitense. Cf. UNITED STATES CONFERENCE OF CATHOLIC BISHOPS, *Culture of Life and the Penalty Death*, Washington (DC), 2005. Seppur molto stimolante e proficuo per la prospettiva che guida questo scritto, non verrà affrontata un'analisi ricognitiva e valutativa dei documenti e delle affermazioni magisteriali delle Conferenze episcopali e dei singoli Vescovi, che per altro rivelano una tendenza progressivamente più marcata e convinta verso la sospensione esecutiva o l'abolizione. Sotto questo risvolto può essere utile la consultazione *Lettere pastorali (1960-1999)*, Verona, Magistero Episcopale, 1961-2001, voll. 21.

[2] La vicenda della tematica a livello interconfessionale non conosce un orientamento, sia contenutistico che motivazionale, sostanzialmente diverso da quello cattolico, anche in entrambi si va progressivamente affermando un indirizzo restrittivo e abolizionista. Emblematica è la pozione di K. Barth, che in un primo tempo favorevole alla pena capitale, seppur solo per legittima difesa, concluderà poi per escluderla tassativamente. Cf. M. HONECKER, «La pena di morte nell'ottica della teologia evangelica» in *Concilium* 14 (1978) 1759-1772.

[3] Cf., ad esempio, A. ACERBI – L. EUSEBI (edd.), *Colpa e pena? La teologia di fronte alla questione criminale*, Milano, 1998, in particolare: S. BASTIANEL, «Pena, moralità, bene comune: una prospettiva filosofico-teologica», 161-177.

dei criteri del suo valido riconoscimento,[4] sia infine la riflessione e la discussione teologico-morale di settore, che registra un panorama di posizioni differenziate e talora contrastanti. Ne è calzante esemplificazione il nostro specifico tema proprio a riguardo sia della presenza – per lo più ammessa – di un processo evolutivo, sia della sua consistenza, variamente ponderata o come semplice adattamento circostanziale[5] o come impegnativo incremento ermeneutico, quest'ultimo talora tanto stimato da auspicarne una più univoca definizione e un più chiaro completamento.[6]

Il presente contributo, in un'ottica storico-sistematica seppur incipiente, cercherà di soffermarsi in particolare sull'insegnamento di Giovanni Paolo II, il più notevole e rilevante in assoluto nella storia della Chiesa,

---

[4] Cf. ad esempio: J. FUCHS, «Kontinuität kirchlicher Morallehre?. Überlegungen am Beispiel der Religionsfreiheit» in *Stimmen der Zeit* 112 (1987) 242-256; J.T. jr NOONAN, *A Church that Can and Cannot Change. The Development of Catholic Moral Teaching*, Notre Dame, 2005; J.L. ILLANES MAESTRE, «Continuidad y discontinuidad en el magisterio sobre cuestiones morales – Trasfondo de un debate» in *Verità persona e morale*, Roma, 1987, 255-268; J. O' RIORDAN, *Evoluzione della teologia morale del matrimonio. Da Leone XIII ai nostri giorni*, Assisi, 1974; C. KACZOR, «Thomas Aquinas on the Development of Doctrine» in *Theological Studies* 62 (2001) 283-302. Per una ricostruzione storico-sistematica della questione della competenza del Magistero ecclesiale *in moribus* cf. P. CARLOTTI, «"Fides et mores". Appunti per una sua lettura» in G. RUSSO (ed.), *La persona: verità morale sinfonica. Studi in onore del Prof. Raimondo Frattallone*, Messina – Rivoli, 2004, 43-63.

[5] È da comprendere nel senso che sono venute meno le condizioni dell'applicabilità della pena capitale, che si continua però a ritenere moralmente giustificata. Cf. S.A. LONG, «Evangelium Vitae, St. Thomas Aquinas and the Death Penalty» in *The Thomist* 63 (1999) 511-552. L'Autore tende a sostenere la presenza di un semplice adattamento circostanziale e l'assenza di un reale sviluppo dottrinale nell'enciclica *Evangelium Vitae*. Il termine *a quo* prescelto è tuttavia il pensiero dell'Aquinate, rispetto al quale, secondo l'Autore, l'enciclica non ha detto né poteva dire alcunché di nuovo. Con un approccio più differenziato, mi sembra si muova nella stessa direzione: A. card. DULLES, «Catholicism and Capital Punishment» in C.E. CURRAN (ed.), *Change in Official Catholic Moral Teachings*, New York – Mahwah, 2003, 132-144, pubblicato per la prima volta in *First Things* 112 (2001) 30-35, dove è seguito un dibattito critico: «Avery Cardinal Dulles and its Critics: An Exchange on Capital Punishment» in *First Things* 115 (2001) 7-16.

[6] Seppur da completare, tendono a riconoscere un reale sviluppo nell'insegnamento magisteriale: C.E. BRUGGER, «Catholic Moral Teaching and the Problem of Capital Punishment» in *The Thomist* 68 (2004) 41-67; ID., «To Kill or Not to Kill: The Catholic Church and the Problem of the death Penalty» in C.E. CURRAN (ed.), *Change in Official*, 145-168; ID., *Capital Punishment and Roman Catholic Moral Tradition*, Notre Dame, 2003; L. DEWAN, «Thomas Aquinas, Gerard Bradley, and the Death Penalty: Some Observations» in *Gregorianum* 82 (2001) 149-165; C. KACZOR, «Capital Punishment and the Catholic Tradition: Contradiction, Circumstantial Application, or Development of Doctrine?» in *Nova et Vetera* (ingl.) 2 (2004); L. CICCONE, «La pena di morte. Sviluppi dottrinali in vista?» in *Rassegna di Teologia* 40 (1999) 393-414; N. BLAZQUEZ, «La pena di morte» in R. LUCAS LUCAS RAMÓN – E. SGRECCIA (edd.), *Commento interdisciplinare alla «Evangelium Vitae»*, Città del Vaticano, 1997, 403-418; M. HENDRICKX, «Le Magistère et la peine de mort. Réflexions sur le Catéchisme et "Evangelium Vitae"» in *Nouvelle Revue Théologique* 118 (1996) 3-22 e, in ambito ecumenico, O. O'DONOVAN, «The Death Penalty in Evangelium Vitae» in R. HÜTTER – T. DIETER (edd.), *Ecumenical Ventures in Ethics, Protestant Engage Pope John Paul II's Moral Encyclicals*, Grand Rapids – Cambridge, 1998,) 216-236.

se si esamina, a prescindere dal più vasto pensiero biblico – prevalentemente vetero-testamentario –, patristico e teologico, la sola vicenda della dottrina magisteriale al proposito, che, per altro, si concentra prevalentemente nel XX° secolo. Essa registra interventi non unanimi ma di segno diverso – sia favorevoli che contrari –, numericamente abbastanza contenuti e soprattutto molto distanziati nel tempo, supportati da linee argomentative diversificate, come la succinta e preliminare ricognizione storica, qui di seguito abbozzata, cercherà indicativamente di mostrare.

Alcuni elementi di ricognizione storica

Piuttosto tardivo e palesemente abolizionista è il primo esplicito pronunciamento magisteriale sulla nostra questione e riguarda più in generale alcune pratiche violente diffuse tra le popolazioni bulgare, di recente convertite, tra cui quella di infliggere la morte come pena.[7]

Merita di riportare un passo della nota lettera di papa Nicolò I ai Bulgari, dell'866.

> Resti tuttavia lontano dalle vostre intenzioni il giudicare in modo così disumano, dopo che avete conosciuto un Dio e Signore tanto misericordioso. E poiché con troppa facilità avete fin qui trascinati altri all'uccisione, è non di meno necessario che soprattutto a partire da questo momento non più conduciate alla morte, ma alla vita quanti potete. Così come il beato apostolo Paolo fu da principio persecutore e fremente di minaccia e strage contro i discepoli del Signore (At 9:1), ma dopo che ha ottenuto misericordia, convertito per divina rivelazione, non soltanto non procurò più a nessuno la condanna a morte, ma desiderava diventare anatema per i propri fratelli (Rom 9:3) e offrirsi con spontaneità pienamente libera ed era pronto a prodigarsi, anzi a consumarsi per le anime dei fedeli (2 Cor 12:15): così anche voi, dopo che siete stati chiamati dalla predilezione del Signore e illuminati dalla sua luce, non dovete più desiderare la morte, ma con ogni occasione dovete senza esitanze richiamare indietro tutti alla vita, tanto a quella del corpo, quanto a quella dell'anima, e come Cristo vi ha condotti dalla morte senza fine, della quale eravate prigionieri, alla vita eterna, così anche voi procurate di sottrarre alla condanna di morte non soltanto gli innocenti, ma anche i colpevoli.[8]

---

[7] Cf. J. McGivern, *The Death Penalty Appraised. A Chronology of Christian Loss and Retrieval*, Mahwah, 1997; F. Compagnoni, «La pena di morte e la tortura nella tradizione della chiesa cattolica romana» in *Concilium* 14 (1978) 1739-1758.

[8] Nicolaus I, *Responsa Nicolai ad consulta Bulgarorum*, PL, 119, 978d-1016c, qui cap. XXV, 991 c-d. Per la traduzione italiana ci siamo serviti della consulenza del prof. R. Bracchi.

Come nel pensiero patristico, sia pre-[9] sia post-costantiniano,[10] e, in genere, come in quello precedente la teologia scolastica, domina anche in questa lettera l'argomentazione svolta in prevalente chiave biblica e teologica, senza porre decisiva attenzione a ciò che nelle odierne società democratiche e pluraliste è molto apprezzato, cioè la distinzione tra *ratio* filosofica e quella teologica.[11] Tuttavia nel testo è possibile rinvenire un chiaro orientamento e si procede all'interno di quel sperimentato modulo ecclesiale che, se da una parte, di fronte ad alcune istituzioni sociali inaccettabili ma inamovibili, tende o a lenirne o a svuotarne la portata, dall'altra non esita a scalzarle quando, come forse nel nostro caso, maturano quelle premesse e quelle condizioni, da tempo pazientemente coltivate.[12]

Passeranno quasi quattro secoli prima di incontrare non un documento magisteriale esplicitamente dedicato alla pena di morte, ma un semplice passaggio – aggiunto nel 1210 alla prima edizione –, inserito nella professione di fede richiesta ai Valdesi, che rifiutavano, tra l'altro, anche il riconoscimento allo stato del diritto divino corrispondente, evenienza oggi difficile da comprendere per noi cittadini globali posti di fronte agli stati

---

[9] Sono esplicitamente e nettamente contrari alla pena di morte: TERTULLIANUS, *De idolatria*, 17 e *De spectaculis*, 19; LACTANTIUS, *Divinae institutiones*, 6, 20; MINUCIUS FELIX, *Octavius*, 5.

[10] Com'è noto questo discrimine – cioè la fine dell'emarginazione sociale del cristianesimo – segnala una diversa e in genere più tollerante posizione della Chiesa nei confronti della società e delle sue istituzioni ivi comprese quelle più discutibili, tra cui certamente quella che qui ci occupa.

[11] Cf. G. BOSETTI (ed.), *Jürgen Habermas Joseph Ratzinger Ragione e fede in dialogo*, Venezia, 2005.

[12] Emblematica e riassuntiva della posizione e dell'evoluzione patristica sulla questione della pena capitale è la posizione di Agostino (354-430), palesemente espressa nella *Città di Dio*, I, 21. Ecco il testo: «Lo stesso magistero divino ha fatto delle eccezioni alla legge di non uccidere. Si eccettuano appunto i casi d'individui che Dio ordina di uccidere sia per legge costituita o per espresso comando rivolto temporaneamente a una persona. Non uccide dunque chi deve la prestazione al magistrato. È come la spada che è strumento di chi la usa. Quindi non trasgrediscono affatto il comandamento con cui è stato ingiunto di non uccidere coloro che han fatto la guerra per comando di Dio ovvero, rappresentando la forza del pubblico potere, secondo le sue leggi, cioè a norma di un ordinamento della giusta ragione, han punito i delinquenti con la morte» (S. AGOSTINO, *Città di Dio*, I, 21, Roma, 1978, 63). Questo testo tuttavia non è l'unico. In diversa, se non opposta, tendenza si registra il seguente: «Sono due nomi: uomo e peccatore. L'uomo l'ha fatto Dio, peccatore si è fatto l'uomo stesso. Venga distrutto ciò che ha fatto l'uomo, venga liberato ciò che ha fatto Dio. [Nel condannare] non arrivare fino alla morte, perché mentre punisci il peccato non faccia perire anche l'uomo. Non arrivare fino alla morte perché, se qualcuno si pentisse, non venga ucciso anche l'uomo perché ci sia chi si penta; non venga ucciso l'uomo perché ci sia chi si corregga. Sii giudice della terra ritenendo però nel cuore, tu uomo, questo amore per gli uomini. Se vuoi mostrarti severo, siilo verso i peccati, non verso l'uomo, Infierisci in ciò che anche in te ti dispiace, non infierire nell'uomo che è stato fatto come te. Provenite da un'unica fabbrica, avete avuto un unico artefice, lo stesso fango è la vostra materia prima. Che cosa perdi non amando colui che giudichi? In effetti perdi la giustizia non amando colui che giudichi» [S. AGOSTINO, *Discorso*, 13, 8, Roma, 2000, 239-241).

moderni religiosamente ed eticamente equidistanti o neutrali. Trattandosi però di una professione di fede siamo di fronte ad un testo impegnativo, anche se la sua interpretazione non è univoca e comunque segnala nuovamente quell'intento insieme restrittivo e lenitivo, cui sopra si è fatto cenno.

Ecco il breve passo:

> [Aggiunto nell'anno 1210]: Per quanto riguarda il potere secolare dichiariamo che può esercitare il giudizio di sangue senza peccato mortale, purché nel portare la vendetta proceda non per odio ma per atto di giustizia, non in modo incauto, ma con riflessione.[13]

In questa posizione di Innocenzo III viene a maturazione quanto le Decretali avevano già riconosciuto esplicitamente, attribuendo allo stato ma non alla Chiesa il diritto di infliggere la pena capitale. Questo diritto, a cui ci si richiamerà fino al XX° secolo, nasce solo nel XII°, è quindi elemento tradizionale tardivo.

Nel 1566 si ha la prima edizione del cosiddetto *Catechismus Romanus* e nel suo sesto capitolo della terza parte, offre una piccola trattazione sulla pena di morte, supportandola con un primo corredo argomentativo – dalla chiara connotazione consequenzialista[14] –, incentrato appunto sulla difesa della *tranquillitas ordinis* contro i suoi perturbatori e svolto nel riferimento alla legge morale naturale, seppur teologicamente connesso.

> In secondo luogo, rientra nei poteri della giustizia condannare a morte una persona colpevole. Tale potere, esercitato secondo la legge, serve di freno ai delinquenti e di difesa agli innocenti. Emanando una sentenza di morte i giudici non soltanto non sono colpevoli di omicidio, ma sono gli esecutori della legge divina che vieta appunto di uccidere colpevolmente. Fine della legge, infatti, è tutelare la vita e la tranquillità degli uomini; pertanto i giudici che con la loro sentenza vendicano il misfatto mirano appunto a tutelare e a garantire, con la repressione della delinquenza, questa stessa tranquillità della vita garantita da Dio. Dice Davide in un salmo: *Sterminerò ogni mattino tutti gli empi del paese, per estirpare dalla città del Signore quanti operano il male* (Sal 100:8).[15]

---

[13] INNOCENTIUS III, *Eius exemplo*, in H. DENZINGER – P. HÜNERMANN, *Enchiridion symbolorum definitionum et declarationum de rebus fidei et morum. Edizione bilingue*, Bologna, 2001, 795 (DH).

[14] È stato fatto notare che la presenza di un effetto deterrente della pena capitale non è ragione che da sola ne possa giustificare moralmente la legittimità, senza appunto implicare l'assunzione della problematica figura della teoria consequenzialista dell'azione. Cf. A. BONDOLFI, «Pena di morte» in F. COMPAGNONI – G. PIANA – S. PRIVITERA (edd.), *Nuovo Dizionario di teologia morale*, Cinisello Balsamo, 1990 914-922.

[15] L. ANDRIANOPOLI (ed.), *Il Catechismo romano commentato*, Milano, 1983, 357. Per il testo latino, cf. la recente edizione critica: *Catechismus Romanus seu Catechismus ex decreto Concilii Tridentini ad parochos Pii Quinti Pont. Max. iussu editus. Editioni praefuit Petrus Rodríguez; eam instruendam atque apparandam item curauerunt Ildephonsus Adeva [et al.]*, Città del Vaticano – Pamplona, 1989, 465s.

Giordano Bruno, a Roma nel gennaio del 1600, a seguito di dichiarazione di eresia pertinace, impenitente ed ostinata fu consegnato al braccio secolare, che eseguì quanto per il caso era previsto e lo arse vivo.

Da segnalare infine che a poco più di un anno dalla sua pubblicazione, avvenuta in modo anonimo a Livorno nel luglio del 1764, con il decreto del 3 febbraio 1766 l'allora Congregazione dell'Indice[16] inseriva nei suoi elenchi il libro *Dei delitti e delle pene* del giurista milanese Cesare Beccaria,[17] che ebbe una vasta risonanza europea ed internazionale, dando inizio al moderno movimento abolizionista.

Come quasi ogni stato anche quello pontificio prevedeva nel proprio diritto penale la morte, che mantenne anche quando il granducato di Toscana l'abolì (1786) ed applicò per l'ultima volta, sotto il pontificato del beato Pio IX, nel 1867.

Il nuovo stato della Città del Vaticano, nato l'11 febbraio 1929, prevedeva ugualmente questa pena tramite impiccagione, che mai applicò e che sospese, sotto il pontificato di Paolo VI, nel 1969. Con l'entrata in vigore, il 22 febbraio 2001, della nuova legge fondamentale dello Stato Vaticano, non se ne ha più alcuna traccia.

A parte un indiretto ma significativo cenno nella *Casti connubii* (1930) di Pio XI,[18] in quanto riafferma l'esistenza del diritto di spada, è in uno dei suoi noti e famosi discorsi, quello tenuto nel 1952 ai partecipanti al I° Convegno internazionale di Istopatologia del sistema nervoso, che Pio XII si domanda se

> l'autorità pubblica possa realmente, nell'interesse della comunità, limitare o perfino sopprimere il diritto dell'individuo sul suo corpo e la sua vita, sulla sua integrità corporale e psicologica.[19]

---

[16] Cf. *Indice dei libri proibiti riveduto e pubblicato per ordine di Sua Santità Pio Papa XI*, Città del Vaticano, 1929, 45 e 136. Questa edizione è l'ultima dell'Indice ed ancora registra la presenza del testo del Beccaria. Prima della soppressione dell'Indice si ebbero nuove edizioni ma solo alcuni aggiornamenti. Sarebbe interessante invece conoscere il testo del decreto di detta Congregazione, che, a mia conoscenza, non è stato ancora pubblicato.

[17] Cf. C. BECCARIA, *Dei delitti e delle pene* = Edizione nazionale delle opere di Cesare Beccaria, 1, Milano, 1984.

[18] Tra le pretestuose ragioni sollevate a difesa dell'uccisione diretta del feto puntualmente respinte da Pio XI, ve n'è una che invoca addirittura un diritto di spada, che, precisa il pontefice, vale solo per i colpevoli e non, come in questo caso, per gli innocenti. Ecco il testo esatto: «E, con somma leggerezza, questo potere si deriverebbe contro innocenti dal diritto di spada, che vale solo contro i rei» (PIUS XI, *Casti connubii*, AAS 22 [1930] 563). Cf. anche: DH 3720.

[19] PIUS XII, «Iis qui interfuerunt VI° Conventui primo internationali de Histopathologia Systematis nervorum, Romae abito» in AAS 4 (1952) 779-789, qui 785. Nostra è la traduzione dall'originale francese.

E così risponde:

Anche quando si tratta dell'esecuzione di un condannato a morte, lo Stato non dispone del diritto dell'individuo alla vita. Allora è riservato al pubblico potere di privare il condannato del *bene* della vita, in espiazione della colpa, dopo che, per il suo crimine, si è già privato del diritto alla vita.[20]

Pur col corredo di alcune distinzioni avvertite oggi come meno plausibili e comunque in revisione delle affermazioni tridentine, è degno di nota il fatto che, propriamente, il Papa non conferisca allo stato un diritto 'di spada' che possa giungere fino alla soppressione della vita dell'individuo colpevole.[21]

Tuttavia, proprio con Pio XII iniziano quegli appelli alla clemenza – per lo più tristemente inascoltati – nell'imminenza di esecuzioni capitali, appelli che purtroppo si ripeteranno in ogni pontificato fino a quello, appena iniziato, di Benedetto XVI.[22]

Sulla nostra questione non si dà alcun intervento esplicito del Concilio Vaticano II. Nel testo di *Gaudium et spes*, 27[23] – noto per l'espressa ripresa fattane dall'enciclica *Veritatis splendor*, 80[24] – si condanna «tutto ciò che è contro la vita stessa» e «tutto ciò che offende la dignità umana», offrendone, rispettivamente, una duplice ed abbondante esemplificazione, in cui però non ricorre il caso di cui qui ci occupiamo.

---

[20] Ibid., 787. Ugualmente degno di nota il discorso tenuto nel 1954 al convegno nazionale dell'Unione Giuristi Cattolici Italiani, dove emerge implicita la mens del pontefice circa la liceità della pena capitale. Cf. Pius XII, «Iis qui interfuerunt VI° Conventui nationali Solidalium Consociationis ex iuirs peritis catholicis Italiane» in AAS 47 (1955) 60-85. Se ne riportano per completezza di informazione i tre passaggi: «Se nonostante tutte queste premure, rimane ancora un importante e serio dubbio, nessun giudice coscienzioso procederà a una sentenza di condanna, tanto più quando si tratta di una pena irrimediabile, come la pena di morte» (65); «Per ciò che riguarda le varie specie di pene (pene concernenti l'onore [la capacità giuridica], i beni patrimoniali, la libertà personale, il corpo e la vita...» (66); «Tale reazione psicologica prende diverse forme, se si tratta di una pena durevole, o al contrario di una pena ristretta quanto al tempo ad un attimo, mentre per altezza e profondità sorpassa ogni misura di tempo, come la pena di morte» (68).

[21] Cf. anche Joannes XXIII, *Pacem in terris*, 5, dove si parla di diritti universali, inviolabili e inalienabili, che scaturiscono immediatamente dalla natura della persona umana, diritti tra cui il primo non può non essere quello alla vita. Inoltre se un diritto è dichiarato inalienabile, nessuno può alienarlo o rinunciarvi neanche il suo titolare.

[22] Durante il pontificato di Paolo VI e di Giovanni Paolo I, non abbiamo per il nostro tema specifici pronunciamenti se non ciò che abbiamo già ricordato e la pubblicazione di due articoli sul giornale vaticano. Cf. G. Concetti, «Può ancora ritenersi legittima la pena di morte?» in *L'Osservatore Romano* 23 gennaio 1977; Id., «Inviolabilità della vita umana» in *L'Osservatore Romano* 8 settembre 1978.

[23] Concilio Ecumenico Vaticano II, *Gaudium et spes*, 27.

[24] Giovanni Paolo II, *Veritatis splendor*, 80.

Il pontificato di Giovanni Paolo II

Negli anni novanta del pontificato di Giovanni Paolo II si raccolgono i più significativi interventi magisteriali sulla pena di morte, che, com'è noto, si concentrano nell'enciclica *Evangelium vitae* (1995)[25], che a sua volta intrattiene con le due edizioni del *Catechismo della Chiesa Cattolica* – la prima del 1992[26] [CCC1] e la tipica latina[27] [CCC2] del 1997 con le susseguenti traduzioni (1999, quella italiana[28]) – una vicenda di revisione concernente principalmente e direttamente la nostra tematica,[29] ponendo, nel confronto dei tre testi un delicato problema di comprensione della *mens*, dell'intenzione dottrinale implicatavi.

La prima edizione del «Catechismo della Chiesa Cattolica»

Come già quello tridentino, il CCC1 tratta – ai nn. 2266-2267 – della pena capitale all'interno della trattazione dell'articolo quinto dedicata a *Il quinto comandamento* ed in particolare circa *Il rispetto della vita umana*, sotto il titolo prossimo de *La legittima difesa*, a cui per altro – nel n. 2265 – chiunque abbia responsabilità per la vita di terzi, come la pubblica autorità per la comunità civile, si dichiara essere doverosamente tenuto.[30] La linea argomentativa procede, secondo un classico andamento più scolastico che tomista,[31] nel ricordare un tratto della difesa moralmente giusta, quello di puntare esclusivamente a rendere innocuo l'aggressore e, successivamente, nel fondarvi da parte de «l'insegnamento tradizionale della Chiesa»[32] un altro diritto-dovere, quello di infliggere pene proporzionate, non esclusa quella capitale. Segue poi una sintetica rassegna degli indici motivazionali delle sanzioni penali, gerarchicamente disposti in riparativo del disordine

---

[25] Cf. GIOVANNI PAOLO II, *Evangelium vitae*, in AAS 87 (1995) 401-522.
[26] Cf. *Catechismo della Chiesa Cattolica*, 1992).
[27] Cf. *Cathechismus catholicae Ecclesiae*, 1997).
[28] Cf. *Catechismo della Chiesa Cattolica*, 1999).
[29] Cf. C. SCHÖNBORN, «Brief Notes on the Revision of Passages in the Catechism of the Catholic Church having to do with the Death Penalty» in *Catholic Dossier* 4 (1998) 5. L'attuale arcivescovo di Vienna fu permanentemente coinvolto, come membro delle rispettive commissioni e in rapporto specifico alla parte morale, nella preparazione e nella stesura delle due edizioni. Nella nota citata informa come proprio la questione della pena capitale abbia, per diverse ragioni, interessato tutte queste fasi, di consultazione prima, di stesura poi ed infine di revisione.
[30] Questo insegnamento è confermato chiaramente, anche con un rimando in nota a questo numero del CCC1, da *Evangelium vitae* V, 55.
[31] Di s. Tommaso sia qui che in *Evangelium Vitae*, 55 si cita la *Somma Teologica*, II-II, q. 64, a. 7.
[32] CCC1, 2265. La distinzione tra insegnamento e dottrina è ben presente – dopo e a seguito della *Gaudium et spes* cf. la prima nota della costituzione pastorale – a proposito del Magistero sociale della Chiesa.

della colpa, difensivo dell'ordine sociale ed infine in medicinale del colpevole. Nel n. 2267[33] si ricorda che l'uso morale della forza fisica è, anche nel nostro caso, soggetto alla strettissima condizione di rappresentare l'*extrema ratio* – l'ultima risorsa difensiva disponibile – e quindi qualora non lo fosse, non sarebbe moralmente giustificato: qui e solo qui che si presenta il riferimento alla dignità della persona umana.

Di fronte a questa impostazione, percepita come piuttosto tradizionale e scarsamente trasparente ad una sensibilità personalista – così cara alla costituzione pastorale del Vaticano II –, la teologia morale ripropose un dato assodato della propria riflessione e segnalò l'emergere di una certa incongruenza nel ricondurre all'ambito concettuale della legittima difesa la sanzione letale,[34] proprio per la mancata verifica della *conditio* minimale e basilare, richiesta per l'impiego morale della forza e cioè la stretta attualità – e non la semplice previsione, anche prossima – della violenza.

L'enciclica «Evangelium vitae»

L'*Evangelium vitae* tratta ripetutamente della nostra tematica[35] e balza immediatamente all'occhio la diversità di accento e di prospettiva del modulo argomentativo adottato, che, in contiguità con le opzioni maturate da Giovanni Paolo II per la Dottrina sociale della Chiesa,[36] si incentra e si sviluppa nella lettura teologica della persona umana e della sua alta dignità. Sembra così configurarsi un duplice movimento che, da una parte, porta all'assunzione più decisa di quell'ottica della persona – che costituì una delle peculiari raccomandazioni del Vaticano II in particolare della *Gaudium et spes* – e dall'altra, ne cura l'esegesi biblica e teologica, correggendo così un impianto, che, in passato, è stato forse un po' scompensato da letture 'teologicamente' avare e contenute di alcune problematiche morali, compresa la nostra. Ne è emblematica espressione, all'inizio della stessa enciclica, la lettura biblica dell'episodio di Caino, che, accusato da Dio per il fratricidio commesso, è, ciò nonostante, difeso contro ogni possibile arbitrarietà vendicativa proprio da Dio stesso (Gn 4:15), che, nel paradossale mistero della sua giustizia misericordiosa, si fa garante della inalienabile dignità della persona – dignità che appunto neanche l'omicida perde – e al

---

[33] Ripreso testualmente e completamente in *Evangelium Vitae*, 55.

[34] Cf. M. DI IANNI, «Pena di morte» in G. RUSSO (ed.), *Enciclopedia di Bioetica e Sessuologia*, Leumann, 2004, 1349-1353; R. TAMANTI, *La pena di morte. Tra etica della vita e autorità dello stato*, Città di Castello, 2004.

[35] Cf. *Evangelium Vitae*, 9, 27, 40, 55.

[36] Cf. P. CARLOTTI, «"Un chiarimento decisivo". DSC e teologia morale» in ID. – M. TOSO (edd.), *Un umanesimo degno dell'amore. Il «Compendio della Dottrina sociale della Chiesa»*, Roma, 2005, 157-180.

contempo ne manifesta l'estrema rilevanza nella storia della salvezza. Intensifica questa lettura teologica l'affermazione che fa di Dio l'unico padrone della vita e dell'uomo la sua immagine.[37]

Sotto un altro aspetto, è pure ben presente la consapevolezza del procedere storico della conoscenza della fede e della sua comprensione teologica. Sono riproposti alcuni criteri utili per il discernimento della nostra questione a partire – per esempio – dal percorso evolutivo e perfettivo con cui rapportare i dati dell'Antico rispetto al Nuovo Testamento,[38] come pure il continuo sforzo del credente per «raggiungere un'intelligenza più completa e profonda di quanto il comandamento di Dio proibisca e prescriva», soprattutto in quelle difficili situazioni che tali sono perché appaiono paradossali, come quando «il diritto a proteggere la propria vita e il dovere di non ledere quella dell'altro risultano in concreto difficilmente componibili».[39] Giovanni Paolo II nella stesura dell'enciclica ha coscienza, per ciò che concerne la pena di morte, di trovarsi di fronte ad un compito che non comporta la semplice riproposizione di un insegnamento, ma il suo discernimento profondo, verso una comprensione più matura e più appropriata: qui il Papa è pellegrino nella ricerca della verità.

L'enciclica si contraddistingue anche per una più radicata contestualizzazione culturale, che gradualmente si qualifica cristianamente, cimentandosi in una vera e propria lettura dei segni dei nostri tempi, tra cui annovera come segno di speranza la crescente convergenza dell'opinione pubblica mondiale su considerazioni coincidenti o concomitanti a quelle appena sopra indicate. Si nota che l'avversione giunge ad interessare la pena di morte, anche per quelle evenienze, strettamente motivate in termini di inevitabile difesa sociale, considerando ormai la stabilità civile che permette a molti degli stati odierni «di reprimere efficacemente il crimine in modi che, mentre rendono inoffensivo colui che l'ha commesso, non gli tolgono definitivamente la possibilità di redimersi».[40] Questa condizione di fatto sarà nel seguito dell'enciclica ulteriormente precisata sotto un duplice versante, giungendo a restringere drasticamente le esecuzioni lecite, usando la forte espressione di «casi di assolu-

---

[37] Cf. *Evangelium Vitae* 55.
[38] Cf. *Evangelium Vitae* 40.
[39] *Evangelium Vitae* 55.
[40] *Evangelium Vitae* 27. Sarebbe utile tematizzare esplicitamente la concezione di 'redenzione morale' implicata nella parte finale della frase riportata. Il condannato a morte, nel momento dell'esecuzione può evidentemente pentirsi. Quello che la morte gli impedisce di fare è il recupero dei rapporti interpersonali violati, che esigono la presenza e l'azione di una persona 'nuova'. La redenzione morale non può fare a meno di questo passaggio concreto e storico di recupero effettivo delle violazioni inferte, e questo non in prevalente funzione delle vittime ma dello stesso aggressore.

ta necessità»[41] e di fatto dichiarandoli «ormai molto rari, se non addirittura praticamente inesistenti»,[42] a seguito della positiva evoluzione dell'istituzione penale.

L'*Evangelium vitae* non è pregiudizievolmente contraria ad ogni azione punitiva, di cui anzi riconosce la valenza positiva e stimolante, né sottovaluta i problemi inerenti alla stabilità della vita sociale e alla sicurezza dell'ordine pubblico, entrambe apprezzate come elementi preventivi, tendenti ad evitare di porre facilmente che la vita dei singoli sia a rischio, proprio per l'assenza di un valido sistema deterrente.

È opportuno ribadire che con questo documento siamo di fronte ad una chiara evoluzione della posizione magisteriale sulla pena capitale, ravvisabile sia a livello fattuale nel dichiarare praticamente inesistenti i casi di assoluta necessità per esecuzioni moralmente giustificabili, sia a livello dottrinale dove si assume quel percorso riflessivo incentrato sulla persona, che erode sempre di più il plesso concettuale su cui si è fondata la plausibilità penale della morte e contemporaneamente avvia a delineare un diverso ordine delle classiche indicazioni motivazionali del diritto penale, incentrato appunto sulla dignità della persona.

L'edizione tipica «Catechismo della Chiesa Cattolica» ed ulteriori interventi pontifici

A seguito della pubblicazione dell'enciclica, è apparsa subito necessaria l'introduzione di modifiche nell'edizione tipica del Catechismo della Chiesa Cattolica, che si stava approntando, per far propria l'evoluzione nel frattempo intervenuta. Pur essendo rimasta invariata la numerazione, tuttavia l'estensione dei due numeri è stata notevolmente ampliata, di cui solo il secondo è dedicato esplicitamente alla pena capitale, mentre il primo focalizza alcuni basilari criteri penali.[43] Val la pena di evidenziare la presenza di ulteriori elementi limitanti il ricorso alla pena di morte, che è moralmente applicabile, se, oltre al «pieno accertamento dell'identità e della responsabilità del colpevole» il bene da difendere è la sola «vita di esseri umani»[44] e non altri beni.

Ad una preliminare analisi, i risultati della revisione prodotta mostrano chiaramente l'assunzione del giudizio circostanziale circa l'effettiva

---

[41] Cf. *Evangelium Vitae* 56. Il CCC1, 2266 parla di «casi di estrema gravità». Qui il referente è il delitto commesso e non l'effettiva difesa della società, come nel caso di necessità di cui parla l'enciclica. Inoltre la *Evangelium Vitae* 56 parla della pena capitale «nell'orizzonte» della legittima difesa, mentre nelle due versioni del CCC si usa l'espressione «a questo titolo».

[42] *Evangelium Vitae* 56.

[43] Cf. CCC2, 2266-2267.

[44] CCC2, 2267.

praticabilità morale delle esecuzioni capitali, ma si mostrano più limitati e circoscritti a proposito del quadro argomentativo, che continua a tacere della persona e della sua dignità, concetto che rappresenta una vera chiave di volta, rispetto alla coerenza del pensiero, ed anche di svolta rispetto ad alcune precedenti configurazioni riflessive. Del resto è muovendo dalla dignità della persona che è possibile assumere in pieno la posizione abolizionista come segno di speranza: è ciò che, secondo l'opinione di un suo autorevole redattore, il card. C. Schönborn,[45] nel CCC2 sembrerebbe non essere avvenuto negli stessi termini presenti nell'enciclica, mentre «l'intenzione del supremo Pontefice va nella direzione di una più chiara esclusione della pena di morte».[46]

In effetti, gli interventi magisteriali di Giovanni Paolo II, seguiti alla pubblicazione dell'*Evangelium vitae*, rendono più manifesta e chiara la sua mens favorevole all'abolizione della pena di morte. Nel messaggio per la giornata mondiale per la pace del 1997 afferma: «Nessuna punizione può mortificare l'inalienabile dignità di chi ha compiuto il male. La porta verso il pentimento e la riabilitazione deve restare sempre aperta».[47] Nell'esortazione apostolica Ecclesia in America si annovera «il non necessario ricorso alla pena di morte» tra i tratti «di un modello di società improntato alla cultura della morte e perciò in contrasto col messaggio evangelico».[48] Ma è l'omelia tenuta il 27 gennaio 1999 al Trans World Dome di St. Louis, durante l'ultima visita pastorale negli Stati Uniti d'America, che contiene il riferimento più forte: proprio perché «la dignità della vita umana non deve mai essere negata, nemmeno a chi ha fatto del male», «rinnovo l'appello affinché si decida di abolire la pena di morte, che è crudele e inutile».[49] La valenza universale e non solo americana di questo esplicito appello trova riscontro nell'anticipazione contenuta nel messaggio natalizio del 1998, dove risuona l'invito «a bandire la pena di morte».[50]

Rimangono da segnalare i due Compendi, quello del Catechismo della Chiesa Cattolica[51] e quello della Dottrina sociale della Chiesa.[52] Il primo – nei nn. 468-469 – costituisce, com'è nella sua natura, una fedele sintesi del-

---

[45] Cf. C. SCHÖNBORN, *Brief Notes*, 5.
[46] Ibid.
[47] GIOVANNI PAOLO II, «Messaggio per la giornata mondiale per la pace 1997 "Offri il perdono ricevi la pace"» 5.
[48] GIOVANNI PAOLO II, *Ecclesia in America*, 63.
[49] GIOVANNI PAOLO II, «Omelia» 5, in *Insegnamenti di Giovanni Paolo II 1999 (Gennaio-giugno)*, Città del Vaticano, 2002, 269.
[50] GIOVANNI PAOLO II, «Die Nativitatis Domini missus» in AAS 91 (1999) 629.
[51] *Catechismo della Chiesa Cattolica. Compendio*, Città del Vaticano – Cinisello Balsamo, 2005, nn. 468-469.
[52] PONTIFICIO CONSIGLIO DELLA GIUSTIZIA E DELLA PACE, *Compendio della Dottrina sociale della Chiesa*, Città del Vaticano, 2004.

le posizioni già espresse, mentre il secondo – al n. 405 – rieccheggia maggiormente delle considerazioni dell'EV, a cui con preferenza si riferisce e con più abbondanza si ricollega, senza però riprendere – come avrebbe potuto – le più decise posizioni papali.

Alcune riflessioni teologico-morali

Gli spunti e gli stimoli che la teologia morale riceve dalla problematica della pena di morte e dalla sua vicenda storica sono numerosi e non possono essere qui né focalizzati né esaminati, se non quelli che hanno resistito ad una discrezionale certo, ma si spera anche ragionevole selezione funzionale all'intento sopra più volte indicato.

Un passo preliminare comporta necessariamente una valutazione sulla natura e sulla tipologia della tradizione ecclesiale di cui qui ci occupiamo e in quali termini può essere interessata da quell'evoluzione storica che riguarda ogni verità, ivi compresa – se non soprattutto – quella rivelata. Proprio quest'ultima, come una felice intuizione teologica potrebbe qui opportunamente ricordare, è sempre identica nel suo sviluppo e sempre in sviluppo nella sua identità: un'affermazione facilmente condivisibile, ma anche troppo preliminare e formale rispetto alla sua effettiva disamina nel concreto della storia delle idee anche teologiche.

Tuttavia, se da una parte non solleva più drastiche obiezioni l'ammissione della storicità di ogni conoscere umano, difficoltoso però rimane il suo valido discernimento a fronte degli innumerevoli sviluppi, che sembrano rappresentare i provvisori movimenti di superficie rispetto a quelli stabili di profondità, nella immagine – che a questo riguardo sovente si richiama – del fiume la cui corrente fluisce verso il mare.

Naturalmente è ovvio che non è sufficiente l'affermazione della possibilità per l'affermazione della realtà, cioè non basta che qualcosa si possa dare perché effettivamente si dia, e quindi ne consegue l'esigenza di accertamento del processo evolutivo.

La tappa successiva prende in esame la direzione di evoluzione e la sua portata, in altre parole si cimenta con l'interpretazione della variazione dottrinale e della sua compatibilità diacronica o tradizionale e sincronica o sistemica, cioè con la verifica sia della continuità sia della coerenza, e quest'ultima in senso sia verticale che orizzontale, cioè con affermazioni di pari, subordinato e sovraordinato livello. Non sono attesi cambiamenti radicali come neppure scontate ripetizioni, mentre l'introduzione di elementi nuovi, tali da illuminare di nuova luce e da dare una nuova accentuazione e proporzione ai tradizionali aspetti del problema, rientra in ogni ragionevole logica di chi pensa con consapevolezza storica.

Il cristiano non assolutizza nessun tempo se non il *kairòs*, e quindi è alieno dagli opposti estremismi della fossilizzazione o della improvvisazione della riflessione, perché in entrambe con facilità riconosce forme troppo anticipate di ciò che è escatologicamente rimandato. L'eterno è però dicibile nel tempo e una comunicazione illocutoria della verità lo smentisce. Questo rischio diventa realtà quando una verità è anacronistica, svincolata dai legami col tempo e per questo al tempo pleonastica, oppure quando, essendo la ratifica imposta da dominanti sociali o culturali, è soltanto ideologica e quindi pubblicitaria.

Ed infine non può neppure essere trascurato un altro aspetto delicato della nostra questione, quello della ratifica 'unitaria' della conclusione del discernimento, che, per lo meno, non può non premunirsi per evitare traumatiche fratture nel corpo ecclesiale ed anche sociale. Sempre nel pensiero teologico-morale si è assicurata la dovuta attenzione alle condizioni della comunicazione della verità, rispetto a persone, a gruppi o anche ad interi popoli, che si trovavano, per diverse ragioni, distanti da essa e rispetto ad essa diversamente capaci a comprenderla e soprattutto a praticarla. Quest'attenzione tendeva e tende, con sensibilità educativa, ad abilitare progressivamente all'accoglienza della verità, per lo meno senza ingenerare ulteriori ostacoli ed impedimenti in questo cammino, ma neanche senza deviazioni e compromessi nella sua determinazione e nel suo conseguente annuncio. Procede in questo senso il classico criterio, che distingue opportunamente quando la comunicazione ha da correggere il male ritenuto erroneamente bene, da quando ha di fronte il suo opposto – il bene ritenuto male –, mentre un ulteriore criterio vincola rigorosamente alla comunicazione quando – com'è il caso nostro –, è in gioco il fondamentale bene della vita delle persone, rispetto alla priorità del quale, ponderazioni alternative della ragione proporzionata sono di arduo, ma non impossibile,[53] reperimento. Esattamente per questo, la resistenza ecclesiale poi ad ogni istanza sociale e culturale che si rinvenga essere mossa anche da uno scarso senso di rispetto della vita di chiunque, soprattutto del povero – e non c'è nessuno più povero del colpevole –, è puntualmente vincolante e doverosa.

La possibilità e la realtà di uno sviluppo dottrinale sulla pena di morte

L'*Evangelium vitae*, a proposito della pena di morte, non senza qualche ragione, evita di adoperare la formula «insegnamento tradizionale della Chiesa», a differenza invece delle due edizioni del CCC.[54] Premesso che l'espressione non è di univoca definizione e considerando soltanto i co-

---

[53] Superiore al bene della vita vi è solo la puntuale difesa della testimonianza personale dovuta alla coerenza con la propria coscienza, come nel caso del martirio sostenuto per motivi religiosi o umani.

[54] Cf. CCC1, 2266 e CCC2, 2267.

munque rari pronunciamenti magisteriali, con difficoltà si può individuare una tradizione, per di più continua ed omogenea nell'identità e nel tenore dell'indirizzo docente. È più agevole rintracciare invece una maggiore frequenza documentaria e forse una migliore continuità didattica in ambito patristico e teologico. Queste osservazioni rendono inevitabile l'interrogativo sulla natura del nostro insegnamento in quanto tradizione e cioè se appartenga alla Tradizione apostolica o non piuttosto alle tradizioni teologiche particolari, che «possono essere conservate, modificate oppure anche abbandonate sotto la guida del Magistero della Chiesa».[55]

Del resto, come ricorda molto opportunamente un passo dell'istruzione *Mysterium Ecclesiae*, la Chiesa

> quando fa enunciazioni nuove, intende confermare o chiarire quel che, in qualche modo, è già contenuto nella Scrittura o in antecedenti espressioni della tradizione, ma abitualmente si preoccupa anche di dirimere certe controversie o di sradicare errori; e di tutto questo si deve tener conto, perché quelle enunciazioni siano rettamente interpretate.[56]

Nell'accedere alla considerazione della sacra Scrittura si rinviene quasi la stessa discontinuità. È infatti emblematico che mentre si può contare su un'ampia attestazione veterotestamentaria, siamo invece di fronte ad un sostanziale silenzio nel Nuovo Testamento,[57] dove abbondano qualificati elementi per un itinerario più afffinato e perfezionato che conduca «al rispetto dell'inviolabilità della vita fisica e dell'integrità personale» ricaduta, certo minimale ma ineludibile, del comandamento dell'amore che «obbliga a farsi carico del prossimo come di se stessi».[58]

Questo orientamento di misericordia e di clemenza sarà costante nel periodo patristico, anche quando, a seguito del riconoscimento civile del cristianesimo da parte di Costantino, la Chiesa, confrontata e sfidata da una responsabilità sociale ed anche statale più ampia, approntarà una strategia articolata in una graduazione di obiettivi che puntano o a sopprimere o a contenere quei costumi – come il nostro – implicanti violenza[59] e,

---

[55] CCC2, 83.

[56] Congregazione per la dottrina della fede, *Mysterium Ecclesiae* 5. Cf. anche: Commissione Teologica Internazionale, *L'interpretazione dei dogmi*; G. Thils, *L'infaillibilité pontificale. Source, conditions, limites*, Gembloux, 1969, 162-166.

[57] Forse può rappresentare un'eccezione a questo silenzio il testo di Rm 13:1-7, dove si accenna al 'diritto di spada' che lo stato detiene. Cf. A. Sacchi, «Colpa e pena in Rm 13:1-7 nel contesto del messaggio evangelico» in A. Acerbi – L. Eusebi (edd.), *Colpa e pena?*, 57-95.

[58] Cf. *Evangelium Vitae* 40. Cf. E. Wiesnet, *Pena e retribuzione: la riconciliazione tradita. Sul rapporto tra cristianesimo e pena*, Milano, 1987.

[59] Propriamente, è da distinguersi il concetto di violenza da quello di forza, in quanto il primo implica una valutazione morale negativa non prevista per il secondo: è violenza solo l'uso immorale della forza, che di per sé è risorsa disponibile per la libera scelta dell'uomo.

con una conseguente e profonda azione intellettuale, culturale ed educativa, a promuovere la consapevolezza di quei valori positivi, che ne inducano un'indolore obsolescenza e decadenza.

La formazione della teologia come *scientia* della scuola permette la fondamentazione razionale di molte questioni, compresa la nostra, che rimarrà, sotto più di un risvolto, fino ai nostri giorni, nella manualistica e nella casuistica morale.[60] È in questo orizzonte che è possibile rinvenire elementi illuminanti la nostra problematica, quale la teoria di s. Tommaso d'Aquino circa le modalità di sviluppo della legge morale naturale, che procede senza particolari difficoltà quando avviene per addizione e non per sottrazione, soluzione, quest'ultima, che non è esclusa categoricamente.[61] Se ciò che storicamente l'uomo acquisisce come conforme alla legge morale naturale stenta a perdere validità, può invece avvenire l'opposto – e sovente avviene – che ciò che non era percepito come contrario venga riconosciuto tale, come sarebbe appunto se si dovesse concludere di dover aggiungere alla legge morale del rispetto della vita umana, anche la vita del colpevole, in passato, condannato a morte.

La prassi di comminare la morte come pena, anche per reati religiosi, come per esempio l'eresia e la stregoneria, troverà un suo spazio ecclesiale, pur con il sottile – per noi oggi decisamente troppo – accorgimento della delega esecutiva all'autorità civile. Fu forse quella di Giordano Bruno l'ultima morte inflitta – almeno indirettamente – da uomini di Chiesa come pena per aver sostenuto alcune idee religiose e teologiche, ritenute errate. Il fatto che oggi nella Chiesa sia diventato fortunatamente impensabile ricorrere, in nome della fede e della morale, a tali metodi, decisamente non evangelici, nel pur doveroso impegno di difesa della verità, ha alcune implicanze a riguardo della purificazione della memoria ecclesiale,[62] della

---

[60] È comunque necessario tenere distinte la competenza magisteriale da quella teologica e non ridurle impropriamente l'una all'altra. Si incorre in questo rischio quando, per esempio, si assolutezza una scuola teologica, anche prestigiosa come quella tomista e la si presceglie come spazio coordinato fisso in cui possano avvenire variazioni e sviluppi teorici. Al proposito sono sempre illuminanti: Y. CONGAR, «Bref historique des formes du «magistère» et de ses relations avec les docteurs» in *Revue des Sciences théologiques et philosophiques* 60 (1976) 99-112; ID., «Pour une histoire sémantique du terme "magisterium"» in *ibid.*, 85-98.

[61] Cf. *Somma Teologica*, I-II, q. 94, a. 4.

[62] Cf. COMMISSIONE TEOLOGICA INTERNAZIONALE, «Memoria e riconciliazione. La chiesa e le colpe del passato». Significativa fu la 'Giornata del perdono', celebrata la prima domenica di Quaresima del grande Giubileo dell'anno 2000. L'importanza dell'avvenimento ha trovato conferma nel dibattito teologico, come mostra, solo indicativamente, la seguente bibliografia: *L'Acte de mémoire: un lieu théologique pour la morale*, in *Le Supplément* (1999) 210: 11-90; G. COTTIER, *Memoria e pentimento. Il rapporto fra Chiesa santa e cristiani peccatori, la purificazione della memoria, l'importanza della richiesta di perdono per l'ecumenismo*, Cinisello Balsamo, 2000; P. GERVAIS, «La demande du pardon de Jean-Paul II et ses implications théologiques» in *Nouvelle Revue Théologique* 133 (2001) 4-18; D. HERCSIK, «Schuldbekenntnis und Vergebung-

condizionatezza storica e culturale nella ricerca della verità, della consapevolezza di come la nostra tematica sia già stata interessata da uno sviluppo interpretativo, in senso restrittivo, rispetto al quale l'attuale sarebbe in continuità.

Può costituire un apporto illuminante il tenere presente i momenti salienti della vicenda storico-dottrinale che ha riguardato altri costumi, latori di un'alta connotazione immorale, quali per esempio la schiavitù.[63] Rispetto alla pena capitale, la schiavitù vanta attestazioni bibliche – in entrambi i Testamenti – patristiche e teologiche molto più frequenti, esplicite ed omogenee. Questo continuo e costante indirizzo docente durerà praticamente fino al Vaticano II, quando un giudizio positivo protrattosi per due millenni viene capovolto in negativo, concludendo un processo altrettanto lungo di continua revisione restrittiva e di progressivo cambiamento di mentalità. La schiavitù fu inserita nel famoso elenco riportato in *Gaudium et spes*, 27[64] solo nella fase finale della redazione della costituzione pastorale e la *Veritatis splendor* ha accentuato il giudizio sulla sua negatività, scegliendo quest'elenco conciliare come indubbia esemplificazione di atti intrinsecamente cattivi, cioè di per sé, sempre e comunque tali.[65] Siamo certamente di fronte al compiersi di un processo culturale molto lungo ed ampio, che a ragione può essere indicato come una conquista dell'umanità, a cui la comunità ecclesiale ha partecipato in modo tanto diverso quanto diverse sono le sue molteplici componenti, anche se tardiva è giunta una parola conclusiva inequivocabile da parte del Magistero, non senza correre il rischio di creare disagio nel vissuto di molti credenti che vedevano con chiarezza l'incompatibilità evangelica di un comportamento tanto lesivo delle più elementari prerogative umane.

È significativo che esattamente un'evoluzione di questa portata dal Magistero stesso è stata valutata compatibile e giudicata quindi in continuità con le precedenti sue affermazioni sulla schiavitù. Questa prassi magisteriale mi sembra costituisca una indiretta risposta a coloro che propendono a ritenere in pericolo la credibilità e l'affidabilità del Magistero stesso, nell'espletazione certo di un suo compito originario e non sussidiario, qua-

---

sbitten des Papstes in theologischen Perspektive» in *Zeitschrift für katholische Theologie* 122 (2000) 3-22; K. LUNEHAN, «The Great Jubilee and the Purification of Memory» in *Louvain Studies* 25 (2000) 291-311; L. OVIEDO, «Los errores historicos de la Iglesia en el contexto del debate apologetico. El arrepentimiento ecclesial» in *Antonianum* 75 (2000) 41-81 e 74 (1999) 627-659; P. RICOEUR, *Ricordare, dimenticare, perdonare: l'enigma del passato*, Bologna, 2004.

[63] Cf. a questo proposito l'esauriente ricostruzione offerta di recente da J.T. jr NOONAN, *A Church that Can and Cannot Change. The Development of Catholic Moral Teaching*, Notre Dame, 2005.

[64] CONCILIO ECUMENICO VATICANO II, *Gaudium et spes*, 27.

[65] GIOVANNI PAOLO II, *Veritatis splendor*, 80.

le quello di garante di un 'ethos della salvezza', ogni qualvolta si profila un'evoluzione nell'insegnamento e nella dottrina, senza poi considerare che lo stesso può avvenire per la mancata tempestività di intervento. In realtà, una lettura materiale della continuità dottrinale non avverte né dà rilievo alla storia e alla storicità dell'uomo e per questo ha difficoltà a concepire un esercizio del servizio magisteriale, che accompagna il cammino dell'uomo e che, in contesti culturali, diversi e progredienti, indica certo le stesse esigenze pratiche della fede cristiana, ma in situazioni diverse e quindi anche con modalità ed esigenze diverse. In quest'ottica, l'insegnamento che si ritiene garantito da una mera continuità materiale, cioè dalla sua semplice e pigra ripetizione, soprattutto in presenza di forti mutamenti culturali, non fa che assicurare soltanto il proprio travisamento.[66]

Tra i cambiamenti culturali intercorsi ve ne è uno che ha ingenerato per la fede cristiana una nuova condizione ed è il tramonto della cosiddetta cristianità, con la collaterale conseguenza di istituzioni politiche e sociali sempre più non solo religiosamente, ma anche moralmente e perfino giuridicamente equidistanti,[67] diventando regolatori procedurali anonimi e burocratici, programmaticamente neutrali da ogni benché minima *Weltanschauung*. Un'istituzione statale così concepita, distante anche solo da quella *polis* aristotelica – scaturita dal vitale rapporto tra etica e politica – risulta altresì incongrua ed obsoleta nel garantire e nel promuovere una giustizia che implica più e meglio di una garanzia procedurale.

Le diverse considerazioni fin qui brevemente formulate inclinano a ritenere, con qualche plausibilità, che l'evoluzione intrapresa dall'*Evangelium vitae* non sia soltanto di natura circostanziale, cioè non si esaurisca nella semplice, seppur autorevole, constatazione che alcune condizioni indispensabili per la lecita applicazione della pena capitale non sono più verificate e che quindi, di diritto, ancor valida e in vigore, di fatto, non è più moralmente applicabile. In questo senso sembra capire e muoversi anche il CCC2, a differenza dell'enciclica che lascia trasparire la propria autoconsapevolezza rispetto al carattere interlocutorio del proprio discernimento, teso verso una migliore definizione ed esplicitazione, il

---

[66] Cf. J.T. jr. NOONAN, «Development in Moral Doctrine» in *Theological Studies* 54 (1993) 662-677; K. RAHNER, «Sulla cattiva argomentazione in teologia morale» in *Chiamati alla libertà. Saggi di teologia morale in onore di Bernhard Häring*, Roma, 1980, 37-51; G. SALA, «L'evoluzione delle intelligenze morali» in *Concilium* 12 (1976) 1657-1672; J. FUCHS, *Teologia e vita morale alla luce del Vaticano II*, Roma – Brescia, 1968; K. DEMMER, «Sittlicher Anspruch und Geschichlichkeit des Verstehens» in H. ROTTER (Hrsg.), *Heilsgeschichte und ethische Normen*, Freiburg – Basel – Wien, 1984, 64-98.

[67] Cf. N. IRTI, *Nichilismo giuridico*, Roma – Bari, 2004; M. RHONHEIMER, «Cittadinanza multiculturale nella democrazia liberale: le proposte di Ch. Taylor, J. Habermas e W. Kymlicka» in *Acta Philosophica* 15 (2006) 29-52; J. HABERMAS, «Fede e sapere» in *Micromega* (2005, 5) 7-16.

cui segno anticipatore sembra essere appunto il chiaro appello abolizionista di Giovanni Paolo II, in cui alla pena capitale, di per sé, viene sottratta l'autorizzazione morale.

La variazione del quadro argomentativo soggiacente: la dignità dell'uomo

L'ipotesi all'inizio delineata, cioè della possibilità e della realtà di un'evoluzione, non solo circostanziale ma dottrinale a riguardo dell'insegnamento sulla pena capitale, ha acquisito alcuni elementi di risposta insieme ad ulteriori stimoli investigativi a proposito della consistenza e della plausibilità del processo evolutivo.

Se su una lettura circostanziale dell'evoluzione convergono sia l'*Evangelium vitae* sia il CCC2, permane invece una certa differenziazione a riguardo della valenza dottrinale del processo di discernimento veritativo, che non sembra essere recepito completamente dalla revisione operata nell'edizione tipica del CCC. La cifra di questa differenziazione mi sembra essere rappresentata dal ricorso strategico e nevralgico all'argomento della dignità e dei diritti dell'uomo e tra di essi il primo e fondamentale, quello del diritto alla vita. Naturalmente non si vuol certo sostenere che la dignità e i diritti dell'uomo siano sconosciuti al CCC, ma solo che di fatto non giocano quel ruolo portante, nella trattazione della specifica questione che qui ci interessa, come invece sembra avvenire nell'*Evangelium vitae*. In effetti mentre per l'*Evangelium vitae* è tutto il diritto penale nella sua complessità a dover essere nuovamente interessato dalla puntuale considerazione della dignità della persona umana, per il CCC invece questa considerazione interviene, in modo marginale e secondario, a meglio vincolare all'uso dei mezzi incruenti.

Nel quadro globale che riprende e ripropone le classiche giustificazioni del diritto penale in ordine alla definizione della natura della pena in generale e di quella di morte in particolare, questa nuova introduzione non solo non è né può essere senza conseguenze, ma sembra rappresentare una chiave di volta e, di conseguenza, svolgere una funzione di coordinamento degli altri elementi legittimativi. La rilevanza di questo snodo argomentativo sembra confermata dal fatto che ripetutamente, per suo tramite, è istruita ed istituita la connessione col dato biblico e teologico, costituendo proprio questa sottolineatura teologica un'altra connotazione distintiva dell'*Evangelium vitae* rispetto al CCC2,[68] che è poi – come ben si sa

---

[68] Ora, se è ben vero che questa argomentazione teologica si estende tanto quanto si estende la fede cristiana e non oltre e, se oltre si va, occorre modulare diversamente l'argomentazione, non è però men vero che entro quei confini ha un suo specifico valore. La consonanza teologica di una visione antropologica piuttosto che un'altra, non è per il cristiano senza rilevanza.

– una costante dell'intenso magistero sociale di Giovanni Paolo II. Accompagna poi questa accentuazione teologica un'altra ed è la preferenza accordata alla visione morale rispetto ad un approccio giuridico, più consona, la prima, ad esibire quella globalità di orizzonte in cui il valore della persona umana meglio risalta e quindi risulta.[69]

Emblematico è il seguente passaggio dell'*Evangelium vitae*:

> Il problema [della pena di morte] va inquadrato nell'ottica di una giustizia penale che sia sempre più conforme alla dignità dell'uomo e pertanto, in ultima analisi, al disegno di Dio sull'uomo e sulla società.[70]

In questa svolta verso la persona si è in sintonia e in continuità con le scelte e le indicazioni operate dal Concilio Vaticano II in tutti i suoi documenti, ma in particolare nella costituzione pastorale *Gaudium et spes* e nella dichiarazione *Dignitatis humanae personae*.[71] Proprio quest'ultimo documento potrebbe risultare illuminante per le modalità prescelte nella trattazione sulla libertà religiosa, per avvertire l'impostazione verso cui l'*Evangelium vitae* cerca di invitare e di orientare, nell'affrontare certo un'altra problematica, non considerata nell'Assise conciliare, ma che i tempi odierni hanno posto perentoriamente in agenda. La sfida è risolta dall'enciclica attualizzando per le questioni impreviste ed imprevedibili di oggi le categorie concettuali reperite dal Vaticano II per dominare i dilemmi allora correnti, conseguendo così anche un'attualizzazione e un arricchimento della preziosa eredità conciliare.

Solo se si ha presente quanto il pensiero teologico, nel passato, sia stato esposto ed indebitato verso figure di astrattismo e di intellettualismo, si è in condizione di percepire e di apprezzare l'intero significato di questa svolta, che rivolta, come si è detto, alla persona ne prevede e ne richiede una ulteriore e più radicale verso la sua concretezza biografica, storica e culturale. È la persona concreta da cui muove,[72] pensata non certamente a prescindere dalla sua valenza metafisica astratta, ma neanche limitandosi ad essa soltanto, come nel nostro caso sembra doversi riconoscere avvenuto, a seguito dell'influenza del pensiero kantiano e hegeliano con la teoria metafisica della punizione e della violazione dell'ordine morale.[73]

---

[69] Cf. *Evangelium Vitae* 71: «Certamente il compito della legge civile è diverso e di ambito più limitato rispetto a quello della legge morale».

[70] *Evangelium Vitae* 56. Si sarà certamente osservato come qui si parli propriamente di giustizia penale, lasciando trasparire una preferenziale lettura morale, piuttosto che giuridica.

[71] Cf. S. SCATENA, *La fatica della libertà. L'elaborazione della dichiarazione «Dignitatis humanae» sulla libertà religiosa del Vaticano II*, Bologna, 2003; H. RICO, *John Paul II and the Legacy of Dignitatis Humanae*, Washington (DC), 2002; J. FUCHS, «Kontinuität kirchlicher Morallehre?».

[72] Illuminante a questo riguardo è la prima nota della *Gaudium et spes*, dove si indica il senso e la consistenza della dimensione pastorale.

[73] È esattamente in difesa di quest'astratto ordine morale che Kant poteva affermare:

Ora un segnale chiaro di questa duplice estensione si ha nella *Dignitatis humanae*, quando nell'affrontare la trattazione sulla libertà religiosa non focalizza soltanto la verità della religione ma la verità della persona e passa – come allora si disse e oggi talora si ripete – dalla considerazione dei diritti della verità a quella dei diritti della persona e questa colta nella concretezza del suo vissuto religioso, che solo così, entro certi limiti morali, può esserne garantito il rispetto per tutti, insieme alla libera accoglienza della verità religiosa nella propria coscienza, tratto primo della dignità della persona.

Adesso ci si potrebbe domandare se questa duplice svolta verso la concreta dignità della persona non attenda di essere applicata in altri settori e se uno di questi non possa essere quello riguardante appunto la pena capitale e se proprio a questo non tenda la *Evangelium vitae*, lasciando così quella preziosa eredità che consiste nel portare a termine un cammino intrapreso e già ben marcato.

La scelta prioritaria accordata alla prospettiva della dignità della persona propizia anche una rilettura dei tre classici criteri di giustificazione della sanzione penale e del loro tradizionale ordine, che se è ancora mantenuto nelle due edizioni del CCC, è molto significativo e rivelativo che non sia però interamente ripreso dall'*Evangelium vitae*. Questa rilettura, in chiave personale, permette di esplicitare come la motivazione retributiva – «La pena ha *innanzi tutto* lo scopo di riparare il disordine introdotto dalla colpa» – la motivazione difensiva e ed infine quella medicinale – «La pena *poi, oltre che* a difendere l'ordine pubblico e a tutelare la sicurezza delle persone, mira ad uno scopo medicinale: nella misura del possibile, essa deve contribuire alla correzione del colpevole»[74] – sono veramente assicurati quando si punta al rinnovamento della persona concreta, senza del quale né la società è veramente difesa né il disordine introdotto è veramente risanato. Il disordine introdotto dalla colpa, se ben si vede, consiste nell'alterazione e nella violazione di un tessuto relazionale interpersonale, che certo non potrà mai più essere restituito *ad integrum* – quasi che si potesse ritornare indietro nel tempo e ritenere non avvenuto ciò che lo è stato –, ma può però prevedere una persona nuova capace di recuperare e risanare ciò che ha tralasciato e ferito. Non è consono all'autoconsapevolezza moderna riflettere con categorie che prescindono dalla relazionalità in-

---

«Anche se la società civile si sciogliesse col consenso di tutti i membri, prima si dovrebbe giustiziare l'ultimo assassino che si trova in carcere, affinché ognuno abbia ciò che gli spetta secondo le sue azioni e la colpa non ricada sul popolo che non ha esigito questa punizione» (I. KANT, *Metafisica dei costumi*, 37).

[74] CCC2, 2266. Le sottolineature sono introdotte da me al fine di evidenziare l'ordine gerarchico in cui i tre criteri sono presentati. In modo simile ma più evidente il CCC1, 2266 manifesta la stessa scansione gerarchica, parlando di «come primo scopo», «inoltre» e «infine».

terpersonale e permanere in quelle, forse un po' troppo materiali e reificanti, che si esauriscono in orizzonti fisicisti e contrattualistici e che se da una parte giustamente denotano dimensioni non trascurabili, dall'altra mettono in guardia da un eventuale percorso riflessivo che ad esse si riduce. Se, in sintonia con l'*Evangelium vitae*, un ordine dovesse essere proposto, dovrebbe muoversi in senso opposto a quello rintracciabile nel CCC e procedere in prima battuta dalla finalità medicinale della pena – il recupero del colpevole secondo la sua indelebile dignità e inalienabile diritto alla vita – e successivamente raccordare le rimanenti.

La morte inflitta come pena lede e danneggia la società in quanto ratifica una disumanizzazione, quella implicata nella negazione della permanente possibilità di ravvedimento e della relativa speranza, che è il centro della dignità di ogni persona. Come non vedere in questo tipo di pena una sorta di deresponsabilizzazione sociale, quasi che del delitto fosse il colpevole l'unico responsabile e non solo il primo e come poi non fugare completamente l'impressione di trovarci di fronte ad una vendetta collettiva, una sorta di *lex talionis*, la cui opacità se non la refrattarietà neotestamentaria oggi si intensifica e si ripropone? Del resto l'ottica di approccio alla realtà della pena sopra abbozzata mi sembra offra una maggiore e migliore sintonia con la prospettiva morale, in quanto con pertinente coerenza si mantiene, oltre la figura di giustizia sociale compresa all'interno delle categoria del contrattualismo,[75] dentro una logica di un'etica della 'prima persona', attenta alla dimensione personale nel pensare l'agire di tutti i soggetti agenti coinvolti. Questa trasparenza morale è conveniente e consona alla prospettiva teologica, che l'ha sempre privilegiata nella sua riflessione sull'etica cristiana. Questa consonanza può essere mediazione preziosa del discorso teologico, quando si tratta di affrontare le questioni pubbliche delle attuali società pluraliste, vincolate ad argomentazioni ragionevolmente plausibili e valide.

La pena di morte e la legittima difesa

Tra le osservazioni ricorrenti emerse nella riflessione teologico-morale a seguito della pubblicazione del CCC1, confermate anche a riguardo del CCC2, ci si imbatte in quella che rileva la difficoltà a ritenere la pena di morte un caso pertinente di legittima difesa. Lo scoraggia la palese constatazione della mancata verifica di una delle condizioni principali per l'uso morale della forza e cioè la stretta attualità e non la pura previsione, anche

---

[75] Cf. ad esempio: J. RAWLS, *Giustizia come equità. Una riformulazione*, Milano, 2002; ID., *Una teoria della giustizia*, Milano, 1982.

se prossima, della violenza:[76] perché si possa parlare di difesa moralmente legittima l'aggressione violenta deve essere in atto e tuttavia evitabile ed interessare il solo bene fondamentale della vita personale, non altri beni.

Anche sotto questo risvolto è possibile rinvenire una leggera ma rivelativa differenza tra l'*Evangelium vitae*, che «nell'orizzonte» della legittima difesa colloca il tema della pena di morte, e la prima edizione del CCC, che connette la seconda alla prima usando l'espressione più stringente «a questo titolo», espressione che poi cadrà nel testo del CCC2. Tutto ciò lascia porre l'interrogativo se effettivamente l'enciclica sulla vita abbia l'intenzione di giustificare la pena di morte come legittima difesa o se ciò a cui mira sia altro, come mi sembra di poter intuire, soprattutto perché risulta difficile pensare che il Pontefice non conoscesse ciò che era ampiamente noto tra gli esperti del settore – di cui fece parte per molti anni come professore di etica – e cioè della impraticabilità argomentativa della pena di morte come legittima difesa. Inoltre l'appello ad abolire la pena capitale, sovente reiterato da Giovanni Paolo II, sarebbe risultato senza senso, se ad esso fosse stato possibile e facile opporre una solida giustificazione razionale, quale quella che il ricorso alla legittima difesa garantiva. Perché chiedere di abolire ciò che risulta plausibile e ragionevole? Non certo per incoerenza o contraddizione, ma forse per un'iniziale ripensamento e per l'implicita ammissione che questa plausibilità e ragionevolezza incominciavano forse a mostrare i segni della loro precarietà. Inoltre ed infine è pure indicativo il fatto che Pio XII neghi l'esistenza di un diritto dello stato sulla vita di chiunque in generale e del colpevole in particolare, permettendo invece che si tolga la vita a chi vi ha già rinunciato. Ora, indipendentemente dalla sua validità, che non è qui il caso di esaminare, è però interessante notare che l'argomento della 'rinuncia alla vita' è un classico nel repertorio di quelli giustificativi della legittima difesa e, con intento anche qui restrittivo, a questa sembra ricondurre la pena di morte, non semplicemente per ratificare quest'ultima come legittima difesa, ma piuttosto per misurare la sua disponibilità e la sua resistenza a essere come tale compresa.

Per questo mi sembra che l'obiettivo della *Evangelium vitae*, chiaramente visto ma ancora in fase di completamento, sia stato un altro e cioè quello di negare la morte come pena e di giustificarla solo come legittima

---

[76] Cf. indicativamente: L. CICCONE, *La vita umana. Eutanasia, aborto, legge civile & legge morale, legittima difesa, pena di morte, comportamenti a rischio, etica della circolazione stradale, salute, diritti dei malati, terapie del dolore*, Milano, 2000; G. CONCETTI, *La pena di morte*, Casale Monferrato, 1993; M. FAGGIONI, «Il dibattito teologico sulla pena di morte» in *Antonianum* 73 (1998) 713-732; L. ROSSI, «Pena di morte (ed ergastolo)» in L. ROSSI – A. VALSECCHI (edd.), *Dizionario enciclopedico di teologia morale*, Roma, 1976, 748-755; W. WOLBERT, *Du sollst nicht töten. Systematische Überlegungen zum Tötungsverbot*, Freiburg (Schweiz) – Freiburg im Breisgau, 2000.

difesa, includendovi le sue rigorose condizioni applicative. Risiede qui la ragione della connessione dei due concetti, non per giustificarli l'uno con l'altro ma per distinguerli l'uno dall'altro e, vincolando ulteriormente – come con insistente costanza emerge in tutta l'enciclica – al rispetto assoluto di ogni vita umana, permettere l'uccisione solo come legittima difesa e negarla come pena, cioè negarla sempre in ogni altro caso. Mi sembra questo un consuntivo rispettoso e compatibile con i dati finora emersi.

Del resto la possibilità di applicare una pena richiede, anche se in modo minimale, la previa presenza di una qualche forma di organizzazione statale, presenza che rende il ricorso alla morte come pena non necessario e quindi crudele, a prescindere dal fatto che questo ricorso non potrebbe essere moralmente avvallato in quanto non costituirebbe l'ultima risorsa – l'*extrema ratio* – di fatto disponibile alla tutela della vita umana. A ben riflettere qualora non si potesse contare su questa presenza minimale non avrebbe neanche molto più senso parlare di diritto penale e di pena, mancando l'autorità civile ed essendo probabilmente la convivenza sociale e civile precipitata in una situazione di grave entropia sociale.

Ma anche a questo riguardo possiamo contare sul sostegno di un importante parallelo conciliare, quello offerto dalla *Gaudium et spes* nell'affrontare e nel risolvere la questione della cosiddetta guerra giusta e di poi ponderare l'eventualità che il suo approccio e la sua soluzione, *mutatis mutandis*, non possano illuminare anche la nostra questione. In effetti, espressa secondo la forma letteraria giuridica, è una secca e precisa condanna,[77] quella che la guerra in quanto tale riceve nella costituzione pastorale:[78] per questo sarà impossibile continuare a parlare di guerra giusta, senza cadere in una contraddizione in termini.

Anche a questo riguardo siamo di fronte ad un tornante culturale preciso, di cui è necessario prendere atto.

> La premessa è che le nuove capacità distruttive 'nos cogunt ut de bello examen mente omnino nova instituamus'. Con diretto riferimento in nota al testo della Pacem in terris, qui si dice esplicitamente che la dottrina tradizionale della guerra giusta non è più sostenibile; occorre un altro modo di ragionare.[79]

E tuttavia «fintantoché esisterà il pericolo della guerra e non ci sarà un'autorità internazionale competente, munita di forze efficaci, una volta esaurite tutte le possibilità di un pacifico accomodamento, non si potrà

---

[77] Cf. E. CHIAVACCI, *Teologia morale. 3/2 Morale della vita economica, politica e della comunicazione*, Assisi, 1990, 83: «E raramente è stato osservato che qui il Concilio pronuncia una vera e propria sentenza giudiziale».

[78] CONCILIO ECUMENICO VATICANO II, *Gaudium et spes*, 80.

[79] Cf. E. CHIAVACCI, *Teologia morale*, 83.

negare ai governi il diritto di una legittima difesa»,[80] non propriamente una guerra ma azioni belliche di legittima difesa.[81] Si nega recisamente ogni possibile giustificazione morale alla guerra globale e si riconosce soltanto la liceità di una legittima difesa, a cui proprio l'*Evangelium vitae*[82] vincolerà in modo chiaro coloro – tra cui appunto i responsabili governativi – che mantengono responsabilità verso terzi.[83] Anche per la tematica della guerra, espressamente trattata in sede conciliare, siamo di fronte, anche qui, ad un delicato discernimento a riguardo dell'uso morale della forza e si intraprende un cammino di approfondimento che porta a variazioni del dato tradizionale. Ed è anche qui interessante notare che una prima divulgazione teologico-morale – impropria ma molto efficace – propalò l'interpretazione del testo conciliare in termini tali da avvallare la giustificazione della guerra giusta in quanto legittima difesa, mentre la sua *mens* risultò pian piano diversa e cioè la netta condanna della guerra e la permissione della legittima difesa: solo così l'esame richiesto è portato avanti «con mente del tutto nuova».[84]

Non è implausibile né sconveniente pensare che la soluzione adottata dal Vaticano II per la guerra, possa calzare anche per la pena di morte: sarebbero così entrambe moralmente illecite. Risulterebbe così che, in fondo, l'unica ragione per cui è moralmente lecito uccidere è la legittima difesa della vita propria o altrui, con le rigorose e strette condizioni a cui essa vincola. Se così dovessimo concludere, avremmo nient'altro che attualizzato la *mens* conciliare per un settore non espressamente considerato dal Vaticano II, ma che col passare del tempo è diventato di cruciale rilevanza per una testimonianza coerente della fede cristiana, grazie al progressivo crescere di una cultura favorevole alla vita proprio quando quella opposta – favorevole alla morte – conosce una diffusione pervasiva ed invasiva.

---

[80] CONCILIO ECUMENICO VATICANO II, *Gaudium et spes*, 79.
[81] Cf. E. CHIAVACCI, *Teologia morale*, 82: «Ovviamente per il Concilio sono pensabili 'actiones bellicae' che rientrino entro tali limiti [di legittima difesa] (ma non è mai detto che la guerra vi rientri: la distinzione precisa fra 'bellum' e 'actiones bellicae' ha certo lo scopo di non estendere la legittimità morale alla guerra come tale, ma solo ad azioni di legittima difesa armata)». Cf. anche ID, *Morale della vita fisica*, Bologna, ²1979, 182.
[82] Cf. *Evangelium Vitae* 55.
[83] Purtroppo non è difficile elencare le fattispecie di una possibile legittima difesa della società in quanto tale. Classica è quella in cui la società civile sia costretta a difendersi dall'autorità pubblica – preposta alla tutela e alla promozione del bene comune – fino a giungere alla sua soppressione fisica. È il caso delle tirannicide previsto dalla *Populorum progressio*: «E tuttavia sappiamo che l'insurrezione rivoluzionaria – salvo nel caso di una tirannia evidente e prolungata che attenti gravemente ai diritti fondamentali della persona e nuoccia in modo pericoloso al bene comune del paese – è fonte di nuove ingiustizie, introduce nuovi squilibri, e provoca nuove rovine. Non si può combattere un male reale a prezzo di un male più grande» (PAULUS VI, *Populorum progressio*, 31). È anche il caso della tutela della sicurezza sociale da parte delle forze di polizia – confrontati con attacchi terroristici efferati e indiscriminati.
[84] Cf. nota 80.

Conclusione

Da quanto finora sinteticamente presentato, mi sembra possa emergere, con sufficiente chiarezza e completezza, il fatto che siamo di fronte ad un processo evolutivo, nell'insegnamento magisteriale sulla pena di morte, la cui conclusione, seppur indicata e intravista soprattutto dall'*Evangelium vitae* non è ancora pienamente definita, come per altro potrebbe esserlo, naturalmente non solo a livello circostanziale, dove il consenso è pressoché unanime, ma a livello dottrinale. Ma è esattamente nella valutazione della portata dell'evoluzione in atto che mi sembra si siano verificate, come nel corso di questo contributo ci siamo premurati di far notare, delle incertezze tra il passo deciso dell'enciclica e quello più timido dell'edizione tipica del *Catechismo della Chiesa Cattolica*, propenso a ritenere circostanziale uno sviluppo che, a più riprese, si è invece proposto come inerente al supporto dottrinale e teorico stesso.

Certo non è mai stata sufficiente una semplice dichiarazione, anche se autorevole e con forza vincolante, a determinare quel cambio di mentalità che lascia decadere spontaneamente usi problematici sotto il profilo della dignità umana. E tuttavia proprio perché l'evoluzione culturale è determinata dalla convergenza e dall'interazione di molti fattori di diversa natura, non è superfluo domandarsi se anche un più chiaro pronunciamento magisteriale non potrebbe contribuire ad una evoluzione più propizia e più sollecita in tema di pena capitale. Ma oltre e più di questo vi è la precipua considerazione che la problematica verte sulla vita dell'uomo colpevole, quindi in un ambito in cui più esigenti sono i vincoli alla definizione chiara, anche qualora si dovessero prevedere ostacoli nella recezione.

Caratteristica poi dell'enciclica è la lettura teologica della realtà sociale in genere e in particolare della pena di morte. Certo si può richiedere che anche l'argomentazione teologica sia ascoltata nell'areopago pluralista delle società contemporanee e non sia invece pregiudizievolmente esclusa, ma questo non può comportare la sua adozione in un conteso pubblico e pluralista, in cui il linguaggio comune non può non essere il plausibile criterio razionale. E tuttavia l'operatore sociale cristiano riceve, proprio dalla lettura teologica, un'evidenza e quindi anche una certezza, su ciò che è disumano, altrimenti ed altrove non sempre con immediatezza e con sicurezza reperibile. Accedendo al dibattito pubblico dovrà assumersi l'impegno di traduzione dei significati dalla lingua religiosa a una lingua accessibile a tutti, ma sorretto da una convinzione maturata nella familiarità con l'intelligenza e con la sapienza della Parola di Dio, sicuro che così operando si muove «*sub luce Evangelii et humanae experientiae*»[85] nel confrontarsi

---

[85] Concilio Ecumenico Vaticano II, *Gaudium et spes*, 46.

con i problemi più urgenti dell'oggi. Ora a questo riguardo è di decisiva rilevanza una parola chiara circa la compatibilità cristiana della pena di morte, parola che ponga anche fine a percorsi argomentativi fallaci, con i loro ritorni sovente ideologici a livello di divulgazione teorica e di azione pratica.

Forse è giunta l'ora ed è questa, in cui il tempo non solo è maturo ma anche 'pieno' per una conclusione della vicenda. Se così dovesse essere, il segno di speranza sarebbe veramente chiaro e tempestivo. La negazione della possibilità di comminare la morte come pena concluderebbe un lungo cammino già terminato per altri costumi umanamente problematici, come la schiavitù, che in passato avevano ricevuto un'accoglienza ecclesiale, teorica e pratica: tutto ciò non mina la credibilità dell'istanza magisteriale ma la rafforza, perché non è la inutile ripetizione di una dottrina senza tempo, ma l'attento e solerte discernimento della figura piena del cristiano e – dice la fede – anche dell'uomo, nel nostro tempo.

Università Pontificia Salesiana   PAOLO CARLOTTI, sdb
Piazza dell'Ateneo Salesiano, 1
00139 Roma

SOMMARIO

Appurata l'esistenza di uno sviluppo dottrinale – e non solo circostanziale – a proposito del recente magistero ecclesiale sulla pena di morte, l'articolo si sofferma sul movimento argomentativo che guida l'*Evangelium vitae* rispetto alle edizioni del *Catechismo della Chiesa Cattolica* in particolare, e in generale rispetto all'intera vicenda storica dei pronunciamenti magisteriali in proposito. Dopo un'attenta disamina, la dignità umana con i correlati diritti dell'uomo, tra cui quello inalienabile alla vita, emerge come snodo ermeneutico per un ripensamento, in sintonia con la chiave personalista del Vaticano II, delle referenze etiche del diritto penale, che giunga a dichiarare, in modo più chiaro e definitivo e *per se* e non solo *per accidens*, l'implausibilità morale della morte inflitta come pena e a prevederne la procura solo alle strette e rigorose condizioni della legittima difesa.

The article looks into the recent magisterium of the Church on the death penalty and deems it an instance of the development of doctrine rather than a circumstantiated reaction. It then dwells on the thinking that constitutes the backbone of the Encyclical *Evangelium Vitae* and compares and contrasts it with the various pronouncements of the teaching office of the Church, and with the two editions of the *Cathechism of the Catholic Church*. When one carefully examines the issue, human dignity and its consequent human rights – among which one must mention the inalienable right to life – emerge as the hermeneutical cog of the problem. Together with the personalistic views of Vatican II, such a hermeneutic asks for a rethinking of the ethical norms in penal law which, in a clearer and more definitive way – *per se*, and not simply *per accidens* –, must then declare the moral implausibility of death whenever it is meted out as punishment. A death inflicted on someone else can only be justified within the strict and rigorous condition of legitimate self-defence.

La pena di morte
alla luce del diritto naturale
secondo san Tommaso

Va anzitutto specificato che in questo studio cercheremo di ricostruire il concetto di diritto naturale solamente nel pensiero di San Tommaso, e ogni riferimento ad altri Autori sarà solamente in funzione di chiarimento: infatti quest'endiadi dice un fulcro teoretico centrale nella storia della filosofia giuridica occidentale, del quale si può ben dire *tot capita, tot sententiae*.[1] Il riferimento esclusivo all'Aquinate si impone per il ruolo epocale da lui svolto nell'elaborazione della teologia e della filosofia cattolica.

Fine di questa ricerca è riflettere se l'istituto penalistico della pena di morte debba essere considerato contrario al diritto naturale oppure no, attesa la nostra attuale comprensione di esso. Per svolgere la nostra argomentazione, è di primaria importanza definire il concetto di natura; di qui, in coordinamento con quello di diritto (*ius*), sarà possibile tentare una ricostruzione del problema *de quo*. Successivamente, esamineremo il significato dell'espressione 'legge naturale' o 'diritto naturale'. Un particolare problema sarà quello della modificabilità o meno della legge naturale, nonché del rapporto tra questa e la legge positiva: di qui sarà agevole rispondere o meno al quesito se la pena di morte (che è un istituto di diritto positivo) sia o no conforme al diritto naturale. D'altra parte, la nostra analisi sull'ammissibilità o meno della pena di morte, ci porta a riflettere sull'intero problema giuridico, portandoci ad esaminare le aporie del volontarismo o positivismo giuridico, nei suoi presupposti e nella sua metodologia; in particolare, esamineremo se il problema giuridico appartenga all'ambito teoretico, e possa essere quindi affrontato con la metodologia 'scientifica', ovvero a quello morale, ed appartenga perciò all'ambito della ragion pratica.

---

[1] Per un'accurata disamina di tanti e così vari significati, cf. l'opera, ormai classica, di H. WELZEL, *Diritto naturale e giustizia materiale*, Milano, 1965.

Possiamo senz'altro, per dare il senso del cammino teoretico che svolgeremo (*finis est causa causarum*), anticipare le conclusioni alle quali siamo pervenuti, ossia che certamente oggi lo stesso San Tommaso, che pure ammise esplicitamente la pena capitale, la riproverebbe definitivamente, essendo questa, tra l'altro, cosa totalmente diversa dalla legittima difesa. Del resto, attualmente il Supremo Magistero della Chiesa[2] va in direzione di una sua pratica elisione, e ci potrebbero essere ulteriori sviluppi.

Nel procedimento da noi seguito cercheremo di limitare al massimo le citazioni dei vari Autori, per non dilungarci in liste che sarebbero interminabili: la nostra riflessione vuole essere essenzialmente una riproposizione del pensiero di Tommaso, anche se inevitabilmente filtrata dal linguaggio e dalla situazione culturale odierna. In questo senso, non viene esposto *ad litteram* il testo tommasiano, ma esso è continuamente presupposto e svolto nei suoi assunti e nelle sue prospettive.

Un concetto oggi discusso: 'natura'

Forse una traduzione adeguata per la mentalità contemporanea del concetto di 'natura' potrebbe essere 'il non manipolabile', ciò che si pone al di là del semplice *Zuhanden*, del dominio caratteristico dell'uomo contemporaneo, *maître et possesseur* della moderna natura senza misteri,[3] del tecnicamente dominabile: del resto, è proprio qui il motivo della sua inaccettabilità per molti. La 'natura' è il luogo della 'non signoria' dell'uomo, poiché cela nel proprio grembo il 'sacro', in senso antropologico, il *surplus* di significato delle cose, che ci porta al di fuori dell'ambito della volontà potestativa dell'uomo.

Questo ambito, proprio per la sua radicale alterità rispetto alla abituale dimensione possessoria umana, si pone come istanza critica rispetto ad ogni nostro atto di dominio: in questo senso, si può dire che è mistero, non nel senso minimale di ciò che non conosco, ma nel senso altamente filosofico, di ciò che, siccome non lo conosco, problematizza e ipoteca ogni mia conoscenza e operatività, sottintendendovi una domanda più radicale, quella della verità della mia conoscenza e operatività stessa, della sua corrispondenza o meno cioè alla verità della cosa stessa.[4] È dunque ciò che mi permette di (continuare a) conoscere, e di conoscere in modo sempre più

---

[2] Cf. GIOVANNI PAOLO II, enciclica *Evangelium Vitae*, specialmente i nn. 9, 27, 40, 55 e 56; ma cf. anche *Catechismo della Chiesa Cattolica*, ed. 1997, ai nn. 2265-2267.

[3] Cf. F. TODESCAN, *Le radici teologiche del giusnaturalismo laico*, Milano, 1983, 3.

[4] Cf. O. DE BERTOLIS, *Il diritto in San Tommaso d'Aquino. Un'indagine filosofica*, Torino, 2000, 48.

profondo e perspicuo, liberandomi dall'autoreferenzialità in cui ogni sapere positivo, all'interno del proprio presignato orizzonte, inevitabilmente si pone.[5] 'Natura' ci rimanda ad un sapere decentrato dall'io e imperniato sulle cose, *quae sunt causa et mensura cognitionis nostrae*,[6] ad un realismo per il quale *non ratio est mensura rerum, sed potius e converso*.[7]

In questo ambito sottratto alla libera disponibilità umana, questo termine dice un farsi, un 'crescere per', o 'in vista di', un principio di movimento e operatività che si realizza nel suo divenire, nel suo costituirsi, in un fine, che è al tempo stesso inizio e germinalità: *natura est finis*.[8] In questo senso, sottolineiamo come per Tommaso, che riprende questi concetti da Aristotele, la natura di una cosa coincida con la sua perfezione, con la realizzazione ottimale delle proprie potenzialità: è, appunto, l'*entelecheia*, l'aversi-nella-fine (*das Sich-im-Ende Haben*[9]). Siamo in presenza di una visione essenzialmente *dinamica*, laddove nella modernità la 'natura' si risolverà semplicemente nella rappresentazione, convenzionale ed operativa, di essa, ossia nella sua misurazione, in un *flash* statico di dati, estrapolati da un contesto molto più ricco in base a ben precisi parametri, per i quali *solo alcuni* dati sono significativi ('riduzionismo fisicalista'). Ancora, essa è ben diversa dall'ipotetico 'stato di natura' che molti esponenti del 'giusnaturalismo moderno' hanno teorizzato: infatti essa non sta *dietro* l'uomo, in una mitica atemporalità, come una essenza cristallizzata ed astorica, ma sta *davanti* a lui, come una potenzialità che attende di essere realizzata, una premessa che vuole essere dipanata e svolta integralmente. Così 'per natura' l'uomo è politico, nel senso che solamente nella comunità sviluppa tutte le proprie potenzialità: si può dire che, radicalmente, non esiste l'uomo isolato, irrelato, autoreferente, ma, per *natura*, esiste solo l'uomo-con. Del resto, fin dal grembo materno l'esperienza umana è relazione. In questo senso, il *Sein* è il *Mitsein*, al di là di ogni prospettiva essenzialistica astratta:[10] «la presenza dell'altro fa sì che io sia definito (in termini di esistenza, non di semplice definizione concettuale), come radicalmente costituito nella relazionalità interpersonale».[11]

---

[5] Cf. G.R. BACCHIN, *Anypotheton*, Roma, 1975, 288.

[6] SAN TOMMASO, *De Veritate*, q. 18, a. 8, ad 3.

[7] *Somma Teologica*, I-II, q. 91, a. 3. Cf. anche SAN TOMMASO, *Comm. Met.*, I, *lect.* 1: «Est enim ordo quem ratio non facit, sed solum considerat».

[8] SAN TOMMASO, *In I Pol.*, lect. 1, 32. Sul concetto di natura, cf. O. DE BERTOLIS, *Il diritto*, 59-65.

[9] M. HEIDEGGER, *Segnavia*, Milano, 1987, 214.

[10] Cfr. F. D'AGOSTINO, *Bioetica nella prospettiva della filosofia del diritto*, Torino, 1996², 77: «Il *Mitsein* diviene l'orizzonte ultimo e insuperabile della normatività».

[11] S. BASTIANEL, «Pena, moralità, bene comune: una prospettiva filosofico-teologica» in A. ACERBI – L. EUSEBI (ed.), *Colpa e pena? La teologia di fronte alla questione criminale*, Milano, 1988, 163. L'Autore osserva che «l'esistenza dell'uomo è detta in termini personali quando si afferma la capacità, che ogni soggetto umano ha, di capire se stesso, il mondo, le sue possibi-

Dobbiamo quindi distinguere le cose della natura, ossia la natura come insieme di realtà che stanno di fronte a noi, che si offrono alla nostra conoscenza e manipolabilità (*scientia propter potentiam*), dalla natura delle cose, che dice appunto ciò che, nelle cose, è insito come loro 'normalità di funzionamento', come legge intrinseca, come ciò che esse debbono divenire per essere (pienamente) quel che (già) sono. 'Natura' dunque si specifica in un dover essere, e non si limita alla descrizione del semplice essere: la 'legge di Hume' non è smentita da quanto stiamo dicendo, proprio perché il filosofo scozzese parla di natura in un altro senso rispetto a noi,[12] che la intendiamo come dinamismo e movimento, come tensione e dunque come valori. Il passaggio dal *Sein* al *Sollen* è possibile perché arricchiamo il quadro dei dati di raffronto, non appiattendo (o riducendo) la natura alla quantificazione dei fenomeni, alla loro misurabilità. Si potrebbe dire che il metodo proposto da Tommaso è quello di un arricchimento esperienziale, contrapposto al riduzionismo fisicalista proprio della metodologia scientifica moderna.

Dicevamo che Tommaso riprende essenzialmente da Aristotele il concetto di natura: evidentemente vi sovrappone ciò che lo Stagirita non poteva possedere, e in particolare la nozione biblica di creazione, che per lui «non è altro che la relazione tra la creatura ed il Creatore»,[13] e dunque con tutte le altre creature.[14] Poiché l'essere è relazionale, possiamo dire che la relazionalità è costitutiva dell'essere, dell'episodica *existentia* degli esseri creati: essa affonda le proprie radici nell'Atto di essere, l'*Esse* (il biblico *Ego sum qui sum*[15]). Il *Mitsein* del quale accennavamo trova una prospettiva ben più profonda di quanto non sia stato nella prospettiva aristotelica, imperniata sulla non autosufficienza del singolo. Ecco perché la naturalità possiede in Tommaso un significato che va oltre la semplice perfezione in-

---

lità di realizzazione e di valore, condividendo con altri il suo vivere»: qui la riflessione morale si collega al diritto come alla sua proiezione *in agibilibus*. Ponendoci in questa prospettiva appare già da subito l'intrinseca immoralità, e conseguente antigiuridicità, della pena di morte.

[12] Com'è noto, essa enuncia che non è possibile trarre proposizioni prescrittive, o di dover essere, da proposizioni semplicemente descrittive: dal fatto che una cosa è così, non si può dedurre che debba essere così. Cf. D. HUME, *Trattato sulla natura umana* in *Opere*, vol. I, Bari, 1971, 496. In effetti, essa è indubbiamente vera, ma parla di 'natura' nel senso statico ed avalutativo proprio della scienza moderna, diverso da ciò che noi intendiamo. Su di essa, cf. F. D'AGOSTINO, *Filosofia del diritto*, Torino, 1996², 75-87. Cf. O. DE BERTOLIS, *Il diritto*, 52, nota 29, e 61.

[13] *Somma Teologica*, I, q. 45, a. 3, c.

[14] *Somma Teologica*, I, q. 45, a. 3: «Quaecumque autem sunt a Deo, ordinem habent ad invicem, et ad ipsum Deum».

[15] Sul significato e la rilevanza di questo passo nell'elaborazione della metafisica occidentale, cf. E. GILSON, *Lo spirito della filosofia medievale*, Brescia, 1988², 88, 101. Nonostante dunque quanto di essa affermi Heidegger, nessuna *Seinsvergessenheit*: la metafisica di Tommaso infatti non è onto-teologia, ma teo-ontologia, come afferma D. DUBARLE, *L'ontologie de Thomas d'Aquin*, Paris, 1996, 37.

trinseca che troviamo in Aristotele, in cui la natura, e l'uomo in particolare, vive senza Dio e fuori di Lui: in quel divenire, che è il manifestarsi intramondano della costitutiva trascendenza relazionale dell'uomo come essere creato, che abbiamo cercato di tratteggiare c'è l'*impressio divini luminis in nobis*,[16] la creazione, cioè la vocazione-elezione di ognuno e di tutti, la struttura trascendente dell'uomo in generale come creatura, ma anche nella sua singolarità, quella di ogni persona. La *naturale* socialità dell'uomo, insegnata da Aristotele, sfocia poi nella prospettiva della *communio*, nella lettura costantemente cristocentrica e trinitaria che Tommaso ha di ogni realtà creata; la *polis* si compie nella *Ecclesia*.[17] Tommaso infatti è prima di tutto teologo, e non filosofo, e il non concepire la sua riflessione antropologica e, *ex consequenti*, giuridica, come interamente *sub ratione Dei*[18] sarebbe una prospettiva totalmente sfalsante.

Da questi brevi accenni, si capisce perché l'essere (nella prospettiva giuridica, quella che a noi maggiormente interessa: l'uomo) che non ha realizzato, o non ha realizzato appieno, o non potesse realizzare, la propria natura, non sviluppando quella potenzialità che lo innerva, è una *existentia pervertita*, un male tanto ontologico quanto assiologico. 'Natura' dice dunque dinamismo e, al tempo stesso, relazione, poiché la natura è creata. Niente di più lontano dall'intento dell'Aquinate che non certe metafisiche, che pure si sono date nella storia della ricezione dei suoi testi, e che sono state qualificate esattamente come 'fissiste', imperniate cioè su di un mondo di enti in sé, di *aseità*, come i manuali le chiamavano, dalle quali dedurre, *more geometrico*, un insieme di conseguenze, sempre valide, uguali per tutti.[19] E in questo sta la modernità di Tommaso, la sua straordinaria capacità di confronto con la contemporaneità, molto attenta alla dimensione intersoggettiva e relazionale, al fondamento dell'io a partire dal 'tu'. Se il mondo moderno concepisce facilmente il 'tu' umano, l'altro con la 'a' minuscola, e più difficilmente si eleva al 'Tu' divino, l'Altro con la 'A' maiuscola, tuttavia, poiché *per fidem Christi non tollitur ordo iustitiae, sed magis firmatur*,[20] quanto diciamo a partire dalla socialità puramente umana, cioè dalla naturalità creaturale dell'uomo, non solo non può essere smentita

---

[16] Cf. *Somma Teologica*, I-II, q. 91, a. 2.

[17] Cf. O. DE BERTOLIS, *Origine ed esercizio della potestà ecclesiastica di governo in San Tommaso*, Roma, 2005, 189-190.

[18] Cf. *Somma Teologica*, I, q. 1, a. 7: «Omnia autem pertractantur in sacra doctrina sub ratione Dei vel quia sunt ipse Deus; vel quia ordinem habent ad Deum, ut ad principium et finem».

[19] Sulle prospettive del moderna giusnaturalismo, cf. M. VILLEY, *La formazione del pensiero giuridico moderno*, Milano, 1986. Sul rapporto tra 'natura' e 'stato di natura', cf. F. GENTILE, *Intelligenza politica e ragion di Stato*, Milano, 1983.

[20] *Somma Teologica*, II-II, q. 104, a. 6.

dalla fede, ma ne sarà inevitabilmente presupposta, anche secondo il principio per cui *gratia non tollit naturam, sed eam perficit*.[21] Può cioè essere il punto di incontro tra credenti e non credenti, tra 'stranieri morali' delle moderne società pluraliste e secolarizzate.

Perciò il plesso teoretico che si incentra sul concetto di 'natura' può essere estremamente fecondo per un approccio anche multiculturale, ponendoci la domanda fondamentale, comune a tutti gli uomini, del senso e dei limiti della propria scienza e del proprio agire, e particolarmente della scienza giuridica. La domanda, in sé filosofica, si fonde e confonde con la prospettiva religiosa, che, *e converso*, tematizza l'assoluto di Dio ed il senso della Sua creazione, e il ruolo dell'uomo in essa.

'Diritto' in San Tommaso d'Aquino

Per rispondere a che cosa significhi 'diritto (o legge) naturale', dopo aver esaminato il concetto di 'natura', occorre ripercorrere quello di 'diritto'. *Ius*, in Tommaso come nell'esperienza giuridica romana e medievale, non significa assolutamente, come per noi moderni, la legge, ossia lo schema generale ed astratto, espressione della volontà del Legislatore, all'interno del quale vanno inquadrate e giudicate le singole fattispecie, né significa quel che oggi chiamiamo «diritto soggettivo» una costruzione dottrinale iniziata sostanzialmente da Napoleone con le sue codificazioni, che coincide con il potere assegnato all'individuo, di fare qualcosa, o agire in giudizio, secondo quanto concede, creandolo e assegnandolo, la legge stessa. *Ius* è semplicemente *ipsa res iusta*, la cosa giusta – o *ad-iustata*, rad-dirizzata nel senso di ri-fatta d(i)ritta – la giusta divisione delle cose, dei beni di questo mondo, secondo l'insegnamento aristotelico sul δικαιον δτορθοτικόν, della giustizia distributiva e commutativa, quella che presiede all'elaborazione, da parte dei giuristi romani, di molti istituti civilistici, presenti anche negli attuali ordinamenti.[22]

È interessante osservare che ci poniamo anche qui in una sfera, o ambito, non disponibile alla volontà umana: il diritto è inteso come limite, come conformità ad un ordine stabilito. Ma questo ordine non ha, come invece succederà nello sviluppo della filosofia giuridica, alcun rapporto con la volontà, in particolare con la volontà di un legislatore; non è un ordine inteso nel senso di comando o atto di volontà: questo slittamento di significato si avrà solamente in tempi successivi, con la così detta seconda sco-

---

[21] Cf. *Somma Teologica*, I, q. 1, a. 8.
[22] Cf. O. DE BERTOLIS, *Il diritto*, 33-43.

lastica.²³ Al contrario, come in metafisica Tommaso non ha costruito sull'io, né sulla volontà, né sul pensiero, ma sull'essere, sull'atto di essere, così egli doveva basare la sua concezione giuridica non sull'io del soggetto che afferma la sua potestà, né sulla volontà o il pensiero del legislatore, concretati nella legge, ma sull'oggettivo ordinamento delle cose.²⁴ In questo senso, 'diritto' ci rimanda ad una oggettività preesistente, che deve essere oggetto di scoperta, o di discernimento, di traduzione o attuazione da parte del legislatore: esso *ius* falsifica (o verifica) ogni rappresentazione razionale di esso, cioè ogni *lex* intesa come *ordinatio rationis*,²⁵ per cui ogni legge che non traduca o inveri il *ius* sarà, con le parole stesse di Tommaso, *non lex, sed legis corruptio*.²⁶

Ius si specifica dunque come uno stato di conformità ad una regola preesistente che può solo essere cercata, individuata volta per volta (ed ecco il senso della *prudentia iuris* con la quale è chiamata la corrispondente disciplina), oggetto di discernimento, in un'operazione sempre volta per volta da rifarsi. Capiamo dunque come esso, nella visione biblica che fu dell'Aquinate, può essere considerato al tempo stesso *trascendente*, avendo riguardo alla sua fonte ultima, Dio; *obiettivo*, se si considera la sorgente prossima, l'ordine delle cose; *immanente*, poiché si tratta di principi impliciti all'uomo ed alla vita sociale; *razionale*, perché scoperto e tradotto dalla ragione.²⁷ Rivivono qui le istanze, già aristoteliche, della giustizia commutativa e distributiva, ma, più profondamente, quell'esigenza per la quale il valore viene ricercato all'interno della attualità, il *Sollen* nell'esperienza stessa del *Sein*.

Ius, che è *obiectum iustitiae*,²⁸ è costituito oggettivamente, prima del lavoro della ragione umana, ed è il rapporto necessario che deriva dalla natura delle cose: prima di ogni analisi, e a prescindere da essa, c'è un ordine giusto, ed uno che non lo è. Esso è un equilibrio, un'*ad-iustatio*, un aggiustamento degli uomini tra di loro e con le cose: 'giusto' sarà così una cosa, un'azione umana o un servizio, un 'oggetto' che è il termine unificante e specificante di relazione tra due persone rese così correlate, l'una avente un'attesa e l'altra un compito, l'uno per l'altro. Questo è particolarmente evidente nell'ambito di quegli istituti giuridici che oggi rientrano

---

²³ Cf. F. TODESCAN, *Etiamsi daremus. Studi sinfonici sul diritto naturale*, Padova, 2003.
²⁴ Cf. G. GRANERIS, «L'amoralità del diritto di fronte alla dottrina di San Tommaso» in *Rivista di filosofia neoscolastica* 32 (1940) 142.
²⁵ Il riferimento ovvio è alla definizione della legge come «ordinatio rationis ad bonum comune ab eo qui curam habet communitatis promulgata», in *Somma Teologica*, I-II, q. 90, a. 4.
²⁶*Somma Teologica*, I-II, q. 95, a. 2.
²⁷ Cf. R.M. PIZZORNI, «La *lex aeterna* come fondamento ultimo del diritto in San Tommaso» in *Aquinas* 4 (1961) 82.
²⁸ *Somma Teologica*, II-II, q. 57, a. 1.

nel diritto privato: è sulla base di questa visione che, nei Codici moderni, si prevedono istituti come l'indebito arricchimento, la responsabilità per fatto illecito (il romano *damnum inuria datum*), il contratto avente forza di legge tra le parti e i casi della sua rescindibilità. Fondamento di tutti questi istituti è l'idea di una correlazione basata su di un equilibrio tra dato ed avuto, equilibrio che deve essere il più possibile giusto, ossia tale che il rapporto matematico tra dare ed avere sia il più possibile vicino all'uno numerico.[29] Questa è l'uguaglianza insita nel *ius*, il rapporto tra dato ed avuto corrispondente all'uno. Per questo motivo Tommaso, riprendendo *tout court* le tesi aristoteliche, afferma che compito della giustizia, e dunque dell'*ius* che ne è oggetto, è: *facere aequalitatem, et factam non corrompere*;[30] e ancora: *forma generalis iustitiae est aequalitas, in qua convenit iustitia commutativa cum distributiva*.[31]

Possiamo veramente parlare di realismo, o di corporeità giuridica, o di reicentrismo,[32] per qualificare questo tipo di esperienza giuridica. Sottratta alla volontà come fonte esclusiva, essa è quindi sottratta all'esito inevitabilmente nichilista di questa: infatti, il *zum Tod Leben*, che Heidegger individua come cifra dell'essere dell'uomo, dal punto di vista giuridico significa nient'altro che il diritto sia identificato *sic et simpliciter* con la legge, e questa si costituisca come un semplice 'nomodotto',[33] una *posizione* di legge che non è altro che un'*imposizione*, un fatto di potere che si impone, la semplice effettività che diviene, come in Kelsen, *condicio per quam* della stessa validità del sistema giuridico. Proporre una scienza del diritto riancorata alle cose, superando il dissidio inaugurato da Cartesio di *res cogitans* e *res extensa*, è l'unico modo per recuperare la metafisica, il mondo nascosto dei valori: appare la via privilegiata per sfuggire al nichilismo, al non-valore di ogni proposizione normativa promanante dalla volontà di un uomo destinato alla morte.

Il giusto si articola specificandosi nei concetti correlati di uguaglianza, e dunque di relazione: per il problema che stiamo esaminando, l'ammissibilità cioè o meno della pena di morte, sarà necessario verificare che tipo di relazionalità questo istituto viene ad instaurare tra i consociati, e la naturalità o meno di questa, secondo i principi che abbiamo cercato di enunciare precedentemente, applicandoli al campo peculiare del diritto penale. Nel frattempo, ricordiamo che Tommaso specifica le diverse fonti possibili di questo *ius*, di questo 'diritto':

---

[29] Cf. M. VILLEY, *La formazione del pensiero giuridico moderno*, 39.
[30] *Somma Teologica*, II-II, q. 79, a. 1, ad 1.
[31] *Somma Teologica*, II-II, q. 61, a. 2.
[32] Cf. P. GROSSI, *L'ordine giuridico medievale*, Roma-Bari, 1996², 72.
[33] Cf. N. IRTI, *Nichilismo giuridico*, Roma-Bari, 2004, 47.

Primo, in forza della natura di esso: quando uno, per esempio, presta una data cosa nell'attesa di riaverla senza variazioni. E questo diritto si chiama naturale. Secondo, una cosa può essere adeguata e commisurata ad un altro in forza di un accordo, o di una norma comune: e cioè quando uno si dichiara soddisfatto di ricevere quel tanto. E questo può avvenire in due modi. Primo, mediante un accordo privato: come le cose stabilite con un contratto tra persone private. Secondo, mediante un accordo pubblico: come quando tutto il popolo ritiene che una data cosa sia da considerarsi adeguata e commisurata per una persona; oppure quando ciò è ordinato dal principe, cui spetta la cura del popolo, e che ne fa le veci. E questo si chiama diritto positivo.[34]

Com'è evidente, è qui ripresa la distinzione tra δίκαιον φυσικόν e νομικόν: quel che vogliamo rilevare è che la giustizia naturale è la prima, e degrada, quasi riversandosi, in quella determinata dalla legge pubblica o dal contratto, il patto privato che ha appunto, come si dice, forza di legge tra le parti. La dicotomia tra giusto naturale e legale assume la forma del *iustum simpliciter* e *secundum quid*: «avendo riguardo a questo tipo di giusto, cioè a quel giusto *secundum quid*, quale si può avere nelle cose umane, la legge ci fornisce questo tipo di giusto [...] che è quello proprio delle leggi degli uomini».[35] Come per Aristotele, così anche per Tommaso la legge, senza esaurire il giusto costituendone la fonte – poiché esso è iscritto *in rerum natura* – ne costituisce tuttavia un'espressione privilegiata, riuscendo così ad assurgere di volta in volta a tutte le possibili determinazioni concrete. Il giusnaturalismo, dunque, non solo non rende superflue le leggi positive e l'articolazione della volontà dell'uomo, ma addirittura le esige.[36]

Constatiamo una volta di più l'autentico realismo tomista: niente di più lontano dal pensiero dell'Aquinate dell'idea di un diritto prefissato, fondato su di un insieme di precetti rigidamente *more geometrico demonstrati*, astorici e cristallizzati; niente di più lontano da questo giusnaturalismo di quel giusnaturalismo – di Hobbes e Locke, di Pufendorf e Thomasius, di Wolff e Leibniz (e dei loro epigoni fino al Settecento inoltrato) – affaticato ad elaborare tomi su tomi di pretesi 'diritti naturali', pure proiezioni delle idee del nostro spirito all'interno del reale, laddove «la ragione umana non è misura delle cose, ma piuttosto il contrario»: *est enim ordo quem ratio non facit, sed solum considerat, sicut est ordo rerum naturalium*.[37] In questo senso, la ricerca giuridica medievale, come già quella romana, e, nel mondo moderno, quella anglosassone e canonica, ri-

---

[34] *Somma Teologica*, II-II, q. 57, a. 2.
[35] SAN TOMMASO, *In I Pol.*, lect. 4. Sulla distinzione tra *iustum simpliciter* e *secundum quid*, cf. O. DE BERTOLIS, *Il diritto*, 38.
[36] H. ROMMEN, *L'eterno ritorno del diritto naturale*, Roma, 1965, 42.
[37] SAN TOMMASO, *Comm. Met.*, I, lect. 1.

cerca il *suum* proprio di ognuno non in base ad una regola generale ed astratta, ad un puro schema logico; al contrario, il *suum* emerge nel concreto e reale fluire dell'esperienza, nei rapporti materiali di credito-debito, dal gioco di dare-avere espresso dall'equilibrio dell'uguaglianza. Ecco perché «il diritto non è tratto dalle regole, ma la regola si trae dal diritto».[38]

La scienza giuridica tra sapere teorico e sapere pratico

Capiamo facilmente, a questo punto, che il diritto non è altro che la realtà in quanto ordinata, o l'ordine della realtà in quanto finalizzata: la natura è, appunto, il fine di ogni cosa, quel fine che è insito nella visione biblico-filosofica della creazione, ossia della relazione tra ogni cosa ed il Creatore, e così di ogni cosa con le altre, quel principio fondamentalmente unitario che Tommaso esprime affermando che «questo mondo è detto uno per l'unità del suo ordine [...]. Tutte le cose che sono da Dio, hanno un ordine tra di loro, e in relazione a Dio».[39] Riannodare ogni realtà a Dio Creatore permette di fondare metafisicamente la nozione di relazione in quanto dover-essere, sfuggendo, come dicevamo, all'inganno della legge di Hume.[40]

La scienza moderna, nata con il «non tentar le essenze» di galileiana memoria, rimuove quel concetto tipico della scienza medievale che è la causa finale, appiattendo i dati del reale alla semplice loro misurazione: la stessa giurisprudenza, esemplata su questo modello, si adegua ad esso, non facendosi più tentativo sempre incompleto e fallibile di riprodurre l'ordine insito nelle cose degli uomini, il fine-bene che è presente in ogni cosa, ma diviene una tecnica legislativa, una macchina, intesa a produrre e riprodurre infiniti ordini possibili delle cose umane, tanti quante le volontà possibili del soggetto sovrano detentore del potere che impone i propri fini, aproblematicamente assunti come buoni.

Ricordiamo che per Aristotele e San Tommaso vi sono due modelli di conoscenza, con proprie precipue caratteristiche e leggi strutturali, per così dire paralleli, ma di verso contrario: un sapere speculativo, il cui modello è costituito dalla geometria, che procede da assiomi, come tali problematicamente assunti, e che si svolge *more geometrico*, in modo deduttivo e sillogistico; e un sapere pratico, come quello giuridico, per il quale la causa, o principio primo, è costituito dal fine verso il quale esso si muove:

---

[38] *Digesto* 50, 17, 1: «Non ex regulis ius sumatur, sed ex iure quod est regula fiat».
[39] *Somma Teologica*, I, q. 47, a. 3: «Mundus iste unus unitate ordinis dicitur [...]. Omnia, quae sunt a Deo, ordinem habent ad invicem, et ad ipsum Deum».
[40] Cf. nota 12.

Niente è stabilito con fermezza secondo la ragione speculativa, se non mediante la sua risoluzione nei primi principi indimostrabili; allo stesso modo, niente è stabilito con fermezza secondo la ragione pratica, se non è ordinato al fine ultimo, che è il bene comune.[41]

In questo senso, aver compreso il fenomeno giuridico nell'ambito del sapere speculativo, e non – come era evidente per Aristotele e Tommaso – nell'ambito del sapere pratico, ha determinato la sua trasformazione da *prudentia iuris*, come era nel mondo romano e medievale, e come rimane oggi nell'ordinamento anglosassone e, per buona parte, anche in quello canonico, cioè creazione dottrinale e giurisprudenziale, a pura 'legge', schema generale ed astratto, proiezione della volontà del legislatore e premessa maggiore del sillogismo giuridico.[42] Vale la pena osservare che la nota affermazione di Jhering, per la quale lo scopo crea la totalità del diritto (*Der Zweck schafft das ganze Recht*), rappresenta un ritorno, all'interno del positivismo stesso, alla sapienza classica, che aveva visto nel fine – a partire dal quale, su modello del sapere pratico, veniva esemplata la scienza giuridica – il bene, e nell'ultimo fine il sommo bene, e questo come il fulcro del mondo morale. Lo stesso giurista germanico, a un recensore cattolico che gli segnalava l'esistenza della *Summa*, rispose:

> Continuo, meravigliato, a chiedermi come sia stato possibile che simili verità, dopo essere state apertamente proclamate, siano cadute in oblio così completamente nella nostra cultura giuridica di matrice protestante. Quanti errori essa avrebbe potuto risparmiarsi, se ne avesse tenuto il debito conto.[43]

Nel mondo moderno nasce la legge intesa come comando generale ed astratto, e con essa lo Stato-fine, l'onnipotente macchina legislativo-amministrativa a servizio dell'ideologia, per il quale la sua *ratio* (e infatti si parla di 'ragion di Stato') è misura delle cose, della loro bontà o meno, della loro fattibilità o no, proprio all'opposto di quanto Tommaso ritiene: dietro questo, è evidente la secolarizzazione di concetti originariamente teologici, come, in Hobbes, l'onnipotenza divina, che è attribuita al «dio mortale», lo Stato, e, in Rousseau, la innata bontà della volontà generale, *a priori* buona come la bontà e provvidenza divine. L'esito totalitaristico e dunque nichilistico di queste prospettive, sperimentato storicamente, ne è conseguenza necessaria. Così la vita dell'uomo, e dei gruppi, è un bene in quanto lo Stato lo crea come tale, lo afferma: ma, nella prospettiva assunta dal pensiero giuridico moderno, non lo è antecedentemente alla volontà del Legislatore,

---

[41] *Somma Teologica*, I-II, q. 90, a. 2, ad 3.
[42] Cf. O. DE BERTOLIS, *Il diritto*, 56, nota 40.
[43] Citato in M. VILLEY, *La formazione del pensiero giuridico moderno*, 121.

o del Sovrano. Non c'è un *ius* preesistente alla *lex*, ma le due cose coincidono: il tempo dello Stato, per usare le parole di Hobbes, è il tempo della legge, dell'ordine artificiale rispetto al naturale disordine inevitabile, alla guerra di tutti contro tutti, e prima di esso, non c'è nulla. Solo il contratto sociale stabilisce la forma delle cose, delle umane relazioni: ma, in sé, non ce ne sarebbe alcuna – Hobbes è esemplare nella sua lucidità – se non per la volontà creatrice del sovrano costituito, in questo identica al *fiat* della Creazione, o al *facciamo l'uomo a nostra immagine*.[44] L'immagine dell'uomo, la sua identità, è quella voluta dallo Stato. Che si possa o no infliggere la pena di morte, non è un problema: anzi, sarà giustificato proprio dalla prospettiva contrattualistica, nella quale essa è percepita come sanzione di un contratto (sociale) inadempiuto con l'illecito.

Il proporre l'intrinseca illiceità, la non conformità a quel *ius* che è la relazionalità implicita nella struttura creaturale dell'uomo, e della sua conseguente ineliminabile politicità, della pena di morte in quanto distruzione della relazionalità umana, che assume *in subiecta materia* il volto della giuridicità, dell'ineliminabile uguaglianza dei consociati, si scontra inevitabilmente con queste premesse della cultura giuspolitica moderna; tuttavia, ne svelerebbe le aporie e la insostenibilità. Il punto nodale, del quale la questione della pena di morte è un semplice epifenomeno, è il fondamento metafisico del diritto, cioè, come abbiamo cercato di delineare, se esso appartenga all'ambito disponibile della volontà, ovvero ad un fine-bene che possiamo solo (cercare di) tradurre, ma non violare. Chi ritiene, ed è la stragrande maggioranza dei giuristi odierni, sulla falsariga degli scienziati dei quali cercano di ripetere il metodo, che le leggi siano dei 'nomodotti', canali attraverso i quali può colare qualsiasi contenuto, non potrà che avversarci. Per questo, la sua condanna sarebbe una vera profezia: non solo testimonianza della fraternità in nome di Dio e della Sua volontà in questo senso, ma, prima ancora, avrebbe anche un grande significato culturale, quale richiamo di un'autentica concezione del diritto e dello Stato. D'altra parte, pochi oggi sosterrebbero *ex professo* le tesi del nichilismo giuridico, anche per le recenti bruciature dei ricordi storici, ma solamente ne potrebbero accettare *ex consequenti* le conclusioni: smascherare le radici di queste conclusioni sarebbe anche un immenso servizio alla cultura giuridica mondiale, un vera pagina di 'illuminismo giuridico'.[45]

---

[44] Cf. T. Hobbes, *Leviathan*, Chicago, 1952, 47.

[45] Com'è noto, per 'illuminismo giuridico' si intende quel vasto movimento culturale che portò alla trasformazione dell'antico diritto, specie criminale, giustinianeo nel moderno diritto penale, e che sta alla base dell'elaborazione della moderna procedura penale, superando l'antico processo romano-canonico. La motivazione della sentenza, la distinzione tra pubblica accusa e magistrato giudicante, la terzietà del giudice, l'abolizione della tortura conseguente al principio *confessio regina probarum*, ne sono alcuni tra i frutti ancora oggi attuali.

Diritto e storicità

Nella prospettiva tomistica, il diritto, contrariamente a quanto molti ritengono, riacquista la sua vera dimensione di realtà totalmente e solamente umana, consegnata integralmente alla storia,[46] pur rimanendo ancorato ad un dover-essere come tale al di là della storia, ad un valore che nella storia si invera e che tuttavia essa trascende. La legge, infatti, non è altro che il tentativo sempre fallibile e sempre necessario di traduzione, ad opera della ragione discorsiva e sillogizzante, quindi generale ed astratta, di quel *ius* che la trascende; il bene comune, che ne costituisce il fine, è precisamente il bene comunemente esigito, richiesto, da tutti i consociati, non una sorta di mediazione tra i vari beni possibili. La morte del reo, voluta dalla pena capitale, non può essere un bene comune, ma al massimo un utilità per alcuni: certo non è comune, perché non lo è anche del reo, e, d'altra parte, non è un bene di alcuno, perché, sopprimendo una persona, distrugge la relazionalità stessa che è alla base del diritto, e, più profondamente, dell'uomo; perciò, non è nemmeno un bene, nel senso reale del termine, perché nega quella natura-fine dell'uomo, quel *ius* costitutivo e fondante l'esperienza umana, anche giuridica. È l'atto più impolitico, nel senso aristotelico, che potrebbe darsi: il radicale fallimento di un sistema penale che la prevedesse, non deriva solo dal fatto empirico dell'inutilità dimostrata a veicolare quei valori per i quali lo Stato chiede e ottiene obbedienza, o, peggio, dall'inefficacia della sua previa coazione al comportamento dovuto, ma, nel senso più radicale, è insito nel fatto che con essa rivela l'incapacità costitutiva di un sistema giuridico di attuare una vita in comune. Se è vero che il diritto è proprio di, e si ha dove c'è, una società, ne deriva che dove c'è la violenza, in questo caso la soppressione di una vita, il diritto rinuncia proprio ad essere tale. Tanto è vero che essa può essere ammessa solo da coloro che ammettono che non c'è differenza intrinseca tra l'ordine imposto dallo Stato e quello di un qualsiasi anti-Stato (una mafia, ad esempio), proprio perché per essi – esemplare è in questo senso H. Kelsen, che compie «il più raffinato ed elaborato approfondimento del positivismo giuridico»[47] – il diritto (cioè la legge) è semplicemente l'effettività del potere.[48] Il che ci riporta a Gorgia: il diritto è la forza.

La legge cercherà dunque di tradurre e ritradurre, nella mutevole contingenza delle cose umane, quel fine-bene proprio dell'uomo, in un

---

[46] Cf. O. DE BERTOLIS, «Nichilismo giuridico» in *La Civiltà Cattolica* 2005/III, 410.
[47] G. FASSÒ, *La filosofia del diritto dell'Ottocento e del Novecento*, Bologna, 1988, 345.
[48] Cf. F. GENTILE, *Intelligenza politica e ragion di Stato*, Milano, 1984, 97-106 e 147-159. È noto che H. Kelsen desidera presentare una «dottrina pura» del diritto, una *reine Rechtstheorie*, ove la 'purezza' consiste nel fatto che essa presenta il diritto come è, non come dovrebbe essere. Cf. H. KELSEN, *Lineamenti di dottrina pura del diritto*, Torino, 1977, 39.

discernimento che mai sarà finito. Così, se il diritto (*ius*) appare qualcosa di sottratto al divenire, e dunque alla mutabilità storica, la legge, nel pensiero di Tommaso, si pone come l'ordine della ragione, ossia l'ordine che la ragione cerca di decifrare e tradurre nel modo più perspicuo, tra tanti ordini ipoteticamente possibili quello che più risponda alla realtà stessa da ordinare. Applicare questo ragionamento all'ambito del diritto naturale, e della correlata legge naturale, significa dire che il diritto naturale (o la legge naturale[49]) è quell'istanza di giustizia che presiede ai singoli istituti giuridici come ultimo criterio di verificazione di quegli stessi istituti alla relazionalità e politicità propri dell'uomo, ossia alla sua 'natura' come l'abbiamo intesa; la legge positiva è invece quell'insieme di proposizioni che ne costituiscono uno schema applicativo immediato, un 'precipitato storico' di quella.

Se volessimo usare un esempio, pensiamo di entrare in un'immensa biblioteca (qui metafora della natura, e dei fatti sociali che per Tommaso appartengono al dominio della natura, diversamente dal pensiero moderno, dominato dall'opposizione natura-cultura): quell'ordine, inteso come preesistente alla biblioteca e presente nella mente dell'Artefice della biblioteca stessa, quell'ordine che io non conosco, pur sapendo che c'è (il mistero che è il vero fondamento della possibilità della nostra conoscenza), è, nel vocabolario tommasiano, la *lex aeterna*; la stessa biblioteca, cioè gli stessi libri in quanto ordinati, è il *ius* della biblioteca (il *ius naturale*), indisponibile alla volontà del soggetto conoscente; lo schema mentale che io, visitatore della biblioteca, cerco di farmi per 'catalogare' le opere, per trovare nel coacervo di libri un ordine che mi permetta la sua fruttuosa consultazione (ricordiamo il detto baconiano: *scientia propter potentiam*) è la *lex positiva*. Costituendo uno schema applicativo del diritto naturale, è sottoposta al divenire della nostra conoscenza, all'articolazione dei nostri giudizi: ecco perché non è contraddittorio il fatto che in passato si sia pensata la pena di morte (che è un'espressione della legge positiva) come un'applicazione del diritto naturale, mentre ora potrebbe essere qualificata come radicalmente difforme.[50]

Non dobbiamo poi dimenticare l'intera struttura ontologica, l'impianto globale o sistema della legge in San Tommaso: oltre al fatto che il diritto è diverso dalla legge, e che l'ambito giuridico pertiene ad entrambi, va poi rilevato che, volendo limitare il nostro discorso solamente alla legge, que-

---

[49] Le due espressioni per Tommaso sono equipollenti: per i testi tommasiani e la letteratura in merito rinvio a O. DE BERTOLIS, *Il diritto*, 71-72.

[50] È interessante osservare che per San Tommaso il mutamento della legge naturale, ossia la traduzione storica di essa in termini sempre diversi, avviene fondamentalmente per addizione, non per sottrazione. Cf. *Somma Teologica*, I-II, q. 94, a. 5.

sta si scandisce nei tre momenti della legge eterna, naturale e positiva.[51] La legge positiva, a sua volta, deve essere una traduzione della legge naturale, una sua applicazione, per non essere a sua volta corruzione della legge. All'ambito penalistico appartengono esplicitamente le leggi positive che determinano la modalità con cui un colpevole deve essere punito: la legge di natura stabilisce infatti *che* deve esserlo, ma non *come*.[52] Questo appartiene alla percezione storico-culturale del rilievo sociale di una determinata infrazione alla legge civile, ovvero ai valori che essa esprime: ed i valori sono sempre situati storicamente.

In questo senso, oggi percepiamo il valore dell'insopprimibilità della vita umana in modo più eminente di altre epoche storiche, anche perché siamo ancorati ad un'ontologia della relazione più approfondita. Così i moderni sistemi penali, per quanto secolarizzati possano presentarsi, attuano, proclamando la funzione rieducativa della pena e la necessità di favorire il reinserimento del delinquente nella società, un 'farsi carico' di colui che è 'altro' in senso radicale: questo può essere considerato del resto una traduzione del «nessuno tocchi Caino», proclamato in Gen 4:15. Penso che si possa dire che oggi percepiamo la pena di morte come contraria al diritto naturale: le diffuse moratorie, o sospensioni, di essa, nonché la tendenziale abolizione sempre più estesa della medesima, ne sono testimonianza.

Da un punto di vista filosofico, il valore viene sempre percepito in un contesto culturale: un filosofo del diritto non si domanda, come invece deve farsi un teologo morale, se esista una legge naturale oltre la storia, immutabile ed eterna: il che non significa dire che quel problema non esista, ma solo limitare gli ambiti di competenza. Il filosofo del diritto può solamente arrivare alla necessità di una fondazione dell'esperienza giuridica *oltre* l'ambito puramente normativo, proprio come un filosofo della scienza si rende conto che nessuna scienza che si muova entro il suo presignato orizzonte può falsificarla (o verificarla). E un filosofo del diritto non può confondere l'ambito della legge con quello della morale, perché ragiona di diritto e non di morale, ma tra questi due mondi c'è strettissima relazione: anzi, l'intera civiltà giuridica occidentale, liberale e democratica, ha la propria radice nel fatto che questi due mondi sono sempre vissuti in relazione simbiotica, in un rinviarsi reciproco, senza mai un appiattimento dell'uno

---

[51] Cf. R.M. PIZZORNI, «Diritto naturale e revisione del diritto canonico» in *Apollinaris* 51 (1978) 31: «Abbiamo come una circolarità di tutte le leggi con un sol punto di partenza e un sol punto d'arrivo: Dio. Anche il diritto va ricondotto a Dio, sua ultima fonte, mediante il trinomio di legge eterna, legge naturale e legge positiva. Un sommo Iddio legislatore; una legge naturale iscritta nel cuore dell'uomo e partecipe della legge divina; una legge positiva conforme ai dettami della legge naturale: questa è la stupenda armonia del sistema etico-giuridico tomistico. Visione antropologica, dunque, e insieme teonomica, perché il problema del giusto non è risolvibile nella sua totalità indipendentemente dalla sua connessione con il problema teologico».

[52] Cf. I-II, q. 95, a. 2.

sull'altro.[53] Se si giungesse all'appiattimento della morale sulla legge, sarebbe l'intera civiltà liberale e democratica occidentale a soccombere, ricadendo in un nuovo totalitarismo, l'onnipotenza e la pervasività del diritto: l'aborto e l'eutanasia, le manipolazioni genetiche e la difesa dell'ambiente, insieme alla dignità insopprimibile del reo, sono le manifestazioni più visibili del problema tutto contemporaneo della «nascita della *norma ad una dimensione*»,[54] non più legata cioè all'altro polo vitale, che è la morale.

Il valore attiene all'ambito del *ius* che abbiamo ampiamente trattato, realtà al tempo stesso immanente, come la *res iusta* che esprime, e trascendente, in quanto valore sottratto al divenire: l'ambito del legislatore è proprio la traduzione-discernimento del 'giusto' in modalità operative concrete, appunto la legge positiva. All'interno di questa mediazione, si danno, e Tommaso lo nota più che abbondantemente, contraddizioni legate ai condizionamenti umani, singolari e culturali. Allo stesso modo, va notato anche che alcune istanze, che certe culture non percepiscono, possono essere meglio percepite in altri contesti, e costituire ulteriori traduzioni dell'applicazione del diritto naturale: così la schiavitù non è stata a lungo considerata contraria al diritto naturale, ma come appartenente alla legge naturale. Questo non implica necessariamente una lettura 'progressista' della storia, come se questa fosse necessariamente un procedere verso il meglio, ma è un'applicazione di quanto Tommaso insegna parlando dei precetti primi e secondi della legge naturale, dove questi ultimi non sono che la traduzione storica ed operativa del primo precetto «*bonum faciendum, malum vitandum*»:[55] che cosa sia bene e male, viene tuttavia valutato diversamente nel corso della storia, sia per le passioni dominanti degli uomini, sia per le cattive consuetudini o i ragionamenti sbagliati. È ben pensabile che oggi non si senta come problema qualcosa che un domani verrà ritenuto tale: così pochi fino a non molto tempo fa hanno percepito come un'ingiustizia il ruolo che la donna di fatto occupava nella società, e solo un cambiamento sociologico ha indotto ulteriori riflessioni che hanno anche modificato il relativo regime giuridico (pensiamo alla loro partecipazione alla vita politica ed alla struttura giuridica della famiglia, pur con le sue ombre).

Applicando questo ragionamento, che legge il binomio *ius naturale – lex naturalis* con la distinzione che Tommaso propone tra principi primi e secondi della legge naturale, e la traduzione di essi nella legge umana positiva, non c'è alcuna difficoltà ad ammettere che la pena di morte sia stata

---

[53] È la tesi di P. Prodi, *Una storia della giustizia. Dal pluralismo dei fori al moderno dualismo tra coscienza e diritto*, Bologna, 2000. L'Autore ritiene essenziale «una dialettica tra le istituzioni portatrici di norme morali» (463), *in primis* le Chiese cristiane, e «le istituzioni da cui promana il diritto come potere di coercizione» (464), pena il ricadere in nuovi totalitarismi, che sono l'onnipotenza e la pervasività del diritto, ovvero nei vari fondamentalismi.

[54] P. Prodi, *Una storia della giustizia*, 480.

[55] *Somma Teologica*, I-II, q. 94, a. 2.

considerata una giusta traduzione del giusto per natura, di quel «bisogna fare il bene ed evitare il male» in cui si sostanzia la natura relazionale e politica dell'uomo. Del resto, in fondo la legge naturale in Tommaso, diversamente che per la tradizione giusnaturalistica successiva cinque-settecentesca, è sostanzialmente una 'legge-quadro', o un 'diritto limite', cioè nient'altro che il *bonun faciendum, malum vitandum*: le esigenze che essa esprime vengono percepite sempre meglio da una coscienza morale (non giuridica) sempre più consapevole e vigile, tradotte in modo sempre più puntuale da una possibilità operativa sempre più estesa, precipitate in ragionamenti sempre più perspicui. Dobbiamo riconoscere al diritto naturale, ed alla conoscenza che possiamo averne, la possibilità di un perfezionamento: pur rimanendo immutato il primo principio in cui si sostanzia, essa assumerà diverse coloriture e specificazioni riguardo alle concrete applicazioni all'interno delle mutevoli situazioni storiche. Siamo in presenza di una concezione ferma e mobile al tempo stesso della natura umana, sempre identica nei suoi postulati essenziali, ma continuamente variabile nelle sue manifestazioni storiche, una natura che certo cresce e si sviluppa, ma svolgendo dei dati iniziali, incarnati nel tempo, in temporali nella loro origine.

È illuminante del resto la stessa lettura delle sentenze rotali in tema di matrimonio. I giudici canonici operavano, e operano ancora, in un ordinamento giuridico nel quale il diritto naturale è diritto vigente, ed i riferimenti all'equità rimandano proprio ad un sapere pratico, all'esperienza giuridica classica. Nella vigenza del Codice pio-benedettino, che canonizzava alcuni principi fissati dalle decretali e dunque dalla medicina e psicologia medievale, se ci si fosse limitati all'ambito della *lex*, della normazione positiva, ben pochi sarebbero stati gli ambiti di intervento del giudice canonico, e la possibilità concreta di operare giustizia. Tuttavia, proprio perché il diritto naturale rimanda a un 'che cosa è' il matrimonio, che sta *oltre*, e al tempo stesso fonda, la sua disciplina positiva, questo istituto ha potuto essere compreso con lo strumentario sempre più evoluto della migliore scienza e conoscenza contemporanea: ad esempio, la conoscenza più accurata dei meccanismi psicologici che presiedono all'elaborazione del libero volere ha potuto permettere di superare canoni molto più ristretti, e di poter, giustamente, identificare patologie nella formazione del libero convincimento, che sarebbero rimaste nascoste se ci si fosse limitati ad applicare la legge vigente; al tempo stesso, superando una visione puramente fisicistica del coniugio, la giurisprudenza ha elaborato rimedi che andavano al di là dell'ambito delle semplici, quasi empiriche, patologie fisiologiche del rapporto. Tutto questo lavoro dei giudici romani, che poi è stato precipitato nella più recente Codificazione,[56] può essere considerato come

---

[56] Segnatamente nel can. 1095.

una traduzione pratica di che cosa significhi la mutabilità della conoscenza del diritto naturale, pur nella permanenza dei suoi principi, e costituisce l'applicazione, nell'ambito canonico, di quella duplicità in cui si sostanzia l'ordinamento civilistico, ossia del 'diritto vigente' e del 'diritto vivente'. Al tempo stesso, è interessante constatare che sentenze rotali degli anni Dieci o Venti del secolo scorso, non sembravano dare grosso peso a reiterati consigli parentali alla figlia sullo sposo da prendere, né erano minimamente percepiti come una possibile violenza: nel più generale contesto sociale essi infatti erano percepiti come più che giusti, mentre era ovvio che una brava figliola si adeguasse a quanto le imponevano per il proprio bene i genitori. Il che ci riporta, una volta di più, alla tesi affermata da Tommaso, quantunque non come questo nome, che il diritto appartiene alla comunità (*Gemeinschaft*), e non alla società (*Gesellschaft*), come espressione del poter con-vivere ordinato che appartiene intrinsecamente all'uomo.[57]

La sensibilità che la cultura contemporanea dimostra al ruolo della relazione e dell'alterità come costitutivo e fondante l'esperienza umana (non di rado riprendendo concetti assolutamente biblici, come nella riflessione di E. Lévinas[58]), può certo essere letta come un dono di Dio, un segno dei tempi da non sottovalutare. In altri termini, se la cultura giuspolitica dominante leggeva il rapporto uomo-cittadino in termini contrattualistici, come nel mondo moderno, ovvero, come nel mondo medievale, coglieva il bene del tutto politico come superiore a quello del singolo individuo, è ben pensabile che si sia ritenuta la pena di morte come conforme al diritto naturale, al bene da fare per un male da evitarsi, che si sia pensato cioè ad essa come ad un istituto appartenente alla legge naturale, una concreta modalità di applicazione del giusto. In questo senso, spesso è stato invocato il ragionamento che equiparava la pena di morte alla legittima difesa:[59] ma non

---

[57] È la lezione che Italia ha lasciato S. Romano, con i suoi studi sulla molteplicità degli ordinamenti giuridici, e che ha costituito la base di molte Costituzioni del dopoguerra, contrapposta al monismo dell'ordinamento, proposto da H. Kelsen. Più recentemente, sempre in Italia, P. Grossi ha ripreso, nelle sue ammirevoli opere, tale tematica.

[58] Esemplare è in questo senso l'intera sua opera *Totalità e infinito. Saggio sull'esteriorità*, Milano, 1980.

[59] Ma va pur osservato che San Tommaso chiaramente separa con molta cura le due fattispecie, come è evidente dalla lettura di *Somma Teologica*, II-II, q. 64, a. 7: «Utrum alicui liceat uccidere aliquem se difendendo», dove, pur ammettendo, come vedremo subito, la liceità della pena di morte, la distingue chiaramente dalla legittima difesa, tanto da concludere: «Sed, quia occidere hominem non licet *nisi publica auctoritate propter bonum commune*, ut ex supradictis patet; illicitum est quod homo intendat occidere hominem ut seipsum defendat, nisi ei qui habet publicam auctoritatem, qui, intendens hominem occidere ad sui defensionem, refert hoc ad publicum bonum». Del resto, dal testo apprendiamo che per Tommaso è fondante il fatto che *vim vi repellere licet cum moderamine inculpatae tutelae*: quest'ultima, dato il trascorrere del tempo tra il delitto e l'esecuzione, non può certo trovarsi nella pena di morte, che appare quasi una *privata libido*, secondo l'espressione usata, e che, come tale, non consen-

lo può essere, per il fatto evidente che la pena capitale non è la risposta ad una violenza attuale, ma ad una violenza ormai consumata. Tuttavia è interessante osservare che la violenza di Stato veniva percepita, in questo schema, come proporzionata, proprio perché il rapporto politico veniva visto in termini che comunque concepivano il potere come superiore al singolo: così la violazione (il reato) che lede il bene massimo della pace pubblica, per costituire la quale si richiede quel massimo tra i patti che è il contratto sociale, richiede giustamente il sacrificio per il singolo di quel bene massimo che è la vita, ovvero il bene maggiore del tutto (argomento richiamato anche da Tommaso per la sua esplicita affermazione della ammissibilità della pena di morte[60]) richiede il sacrificio del bene maggiore della parte. La relazione tra i due soggetti è dunque pari, e si realizza l'uguaglianza in cui consiste la giustizia commutativa e distributiva. Ma questo ha potuto essere considerato ammissibile proprio per una precomprensione culturalmente situata dei termini della questione (come del resto lo è anche quella che proponiamo): concependo invece la persona come ciò in funzione del quale esiste lo Stato ed il suo diritto, anche penale, viene meno la pensabilità stessa della distruzione di un soggetto.

Lo Stato, in altri termini, non può uccidere non perché, come banalmente si afferma, non può mettersi sul piano di un criminale; per meglio dire, non può mettersi sul piano di un criminale perché la violenza, ciò in cui si sostanzia la criminosità, è sempre negazione del convivere, che è, con il ben vivere, la natura, cioè l'essenza ed il fine, dello Stato. E la negazione o soppressione di un soggetto del rapporto politico è evidentemente negazione di ogni proporzionalità (oltrechè, naturalmente, di ogni relazionalità): questo scardina definitivamente l'applicabilità del principio della legittima difesa.

---

te l'omicidio nemmeno nella legittima difesa. Concordiamo dunque con l'analisi di questo testo svolta da S.A. LONG, «*Evangelium vitae* and the death penality» in *The Thomist* 63 (1999) 516: «The point of Thomas's text is to show the anomalous character of self-defense by private individuals, in contrast with licit and direct use of lethal force by the state», per quanto non ne condividiamo la prospettiva. Anzi, a rigor di termini, l'Aquinate non usa nemmeno il termine «legittima difesa» (*defensio legitima*), ma l'espressione *cum moderamine inculpatae tutelae*, come acutamente osserva E.CH. BRUGGER, «Catholic moral theaching and the problem of capital punishment» in *The Thomist* 68 (2004) 43.

[60] Cfr. *Somma Teologica*, II-II, q. 64, a. 2: «Licitum est uccidere animalia bruta inquantum ordinantur naturaliter ad hominum usum, sicut imperfectum ordinatur ad perfectum. Omnis autem pars ordinatur ad totum ut imperfectum ad perfectum. Et ideo omnis pars naturaliter est propter totum. Et propter hoc videmus quod si saluti totius corporis humani expediat praecisio alicuius membri, puta cum est putridum et corruptivum aliorum, laudabiliter et salubriter absciditur. Quaelibet autem persona singularis comparator ad totam communitatem sicut pars ad totum. Et ideo si aliquis homo sit periculosus communitati et corruptivus ipsius propter aliquod peccatum, laudabiliter et salubriter occiditur, ut bonum commune conservetur».

Ancora, ci trova perfettamente consenzienti l'affermazione per la quale

di fronte alla pena di morte, ci troviamo in presenza di membri della razza umana trattati come *non-umani*, come *oggetti* con cui giocare per poi gettarli via: l'uccisione premeditata di un essere umano da parte dello Stato implica infatti, per sua stessa natura, la negazione dell'umanità della persona giustiziata;[61]

questa è dunque la negazione assoluta di ogni possibilità di pensare il bene comune.

È chiaro che questo ordine di ragionamenti ci porta ben al di là delle premesse teoriche del positivismo giuridico, che non a caso, come fa del diritto un puro prodotto della volontà del sovrano, così vede nello Stato il detentore dell'uso legittimo della violenza e dunque non coglie alcuna differenza tra la forza di un brigante e quella legittima, se non nell'efficacia storicamente indotta, nell'affermarsi di fatto di una o dell'altra organizzazione del potere.[62] Ecco perché, come non si può ragionare sulla pena di morte rimanendo entro i limiti di quel problema, ma da esso si è costretti a ragionare sull'impianto teoretico sotteso all'intera cultura giuridica, così una ulteriore riflessione in merito, che aiutasse i giuristi a ragionare filosoficamente, sarebbe estremamente opportuna.

---

[61] F. STELLA, *La giustizia e le ingiustizie*, Bologna, 2006, 125. L'espressione «non umani, ma oggetti con cui giocare per poi gettarli via» è tratta da una sentenza della Corte Suprema degli Stati Uniti del 1972, nel caso *Furman v. Georgia*, stesa per mano del giudice Brennan, e ivi riportata. In questa sentenza, il giudice argomentò che «l'uccisone premeditata di un essere umano da parte dello Stato implica, per sua stessa natura, *la negazione dell'umanità* della persona giustiziata. Il contrasto con la situazione di chi è punito con il carcere è evidente: un individuo in carcere non perde il diritto di avere diritti. Un carcerato ha sempre, per esempio, i diritti costituzionali della libertà di culto, della non applicabilità di pene severe e inusuali e di essere trattato come persona ai fini del giusto processo e dell'equa protezione da parte della legge: un carcerato resta un membro della famiglia umana. E per di più conserva il diritto di accesso ai tribunali. [...] Una persona giustiziata ha veramente *perso il diritto di avere dei diritti*. Come ha dichiarato nel XIX secolo un sostenitore della pena di morte per i condannati: quando un uomo viene impiccato, è la fine delle nostre relazioni con lui. La sua esecuzione è un modo di dire: "Non sei fatto per questo mondo, cercati un'altra possibilità altrove". Oggi, in confronto a tutte le altre pene, allora, la soppressione deliberata di una vita umana da parte dello Stato è *degradante*, in modo assolutamente unico, per la dignità umana» (F. STELLA, *La giustizia*, 126-127). Dunque «la pena di morte è un'atroce ingiustizia ("tu non fai più parte di questa umanità, cercati un posto altrove") per la quale non è immaginabile alcuna opera di giustizia 'riparatrice'» (F. STELLA, *La giustizia*, 148).

[62] La *loi de l'efficacité*, per dirla con A. Camus, ossia il ruolo della *Wirchlichkeit* per H. Kelsen, ossia i criteri centrali del positivismo, rivelano qui il loro ruolo malefico di porta dell'inevitabile (stante le premesse) nichilismo della cultura giuridica contemporanea: ma è ben possibile concepire il diritto altrimenti, svelando le contraddizioni implicite di questa. Sul tema, rinvio a O. DE BERTOLIS, «*Il nichilismo giuridico*», in particolare, sulla *loi de l'efficacité*,

Conclusione

Se il diritto dice relazionalità, e se la relazionalità è costitutiva dell'esperienza morale prima, e di quella religiosa poi (risalendo, come i medievali, da ciò che per noi è esperienza immediata a ciò che non è immediato, ma che, proprio per questo, è fondante il darsi concreto di ogni esperienza), la pena di morte, come soppressione *natura sua* della possibilità di ogni relazionalità – anzi, dell'assoluta 'cosificazione' dell'uomo – è l'espressione massima del nichilismo giuridico: l'esaltazione dell'onnipotenza del legislatore implode nella negazione della socialità, del *politikòn* proprio dell'uomo. Se il legislatore può disporre di tutto, significa che il nulla domina come vero sovrano.

Un sana filosofia del diritto, cioè una filosofia che, ribaltando la prospettiva kelseniana, vuole trattare di ciò che il diritto deve essere, non solo di ciò che è, non può non giungere a questa conclusione. Riemerge nella sua lucidità, quasi una sintesi di tutto quanto abbiamo detto e al tempo stesso una prospettiva di vero umanesimo cristiano, l'intuizione di Rosmini: «La persona dell'uomo è il diritto umano sussistente: quindi anche l'essenza del diritto».[63]

Pontificia Università Gregoriana OTTAVIO DE BERTOLIS, S.I.
Piazza della Pilotta
00187 Roma

---

[63] A. ROSMINI, *Filosofia del diritto, Diritto individuale*, Padova, 1967, vol. I, 191.

SOMMARIO

L'Autore, partendo dalla riflessione di San Tommaso, recupera i concetti centrali di diritto e di natura, e con essi svolge una critica alle moderne rappresentazioni del diritto e dello Stato. In particolare, facendo leva sulla relazionalità come costitutivo dell'esperienza umana, perviene ad una critica radicale di ogni concezione che attribuisca allo Stato il ruolo fondante dell'esperienza giuridica. In tal modo, ribaltando l'espresso pensiero dell'Aquinate, ne sviluppa gli impliciti presupposti, pervenendo così al totale rifiuto di ogni legittimazione giuridica della pena di morte, come espressione massimamente compiuta del tentativo di «togliere il diritto ad avere diritti».

The author, with the reflection of St. Thomas as his point of departure, retrieves the central concepts of law and of nature, and with these develops a critique of modern presentations of law and of the State. In particular, relying on relationship as constitutive of human experience, he arrives at a radical critique of any concept that attributes to the State the founding role of juridical experience. In this way, overturning the thought expressed by St. Thomas, he develops implicit presuppositions from it and so arrives at the total rejection of any juridical legitimation of the death penalty as the most complete expression of the effort to «remove a righ t to have rights».

Pena di morte. Considerazioni etiche

Proponiamo qualche riflessione a partire da domande relative all'esperienza morale, senza entrare nei punti di vista considerati negli altri articoli di questo stesso fascicolo. Notiamo il fatto che le questioni relative alla pena di morte richiamano la loro valenza etica almeno a due livelli: per le persone direttamente coinvolte, nei fatti delittuosi e nelle relative procedure penali, sempre si pongono le domande circa la loro responsabilità nelle decisioni; ma insieme si apre una domanda sulla responsabilità morale di tutti nella strutturazione della vita sociale, con le sue regole e le sue procedure.

La vita nelle istituzioni e la prassi regolata dai codici vigenti esprimono il livello di umanità condiviso in una società. Il problema della pena di morte si è imposto all'attenzione di molti e continua a suscitare dibattito. Le questioni sollevate sono gravi. Forse siamo proprio chiamati a cercar di capire meglio che cosa è alla base dei nostri codici penali, quali sono le giustificazioni date alla pena capitale, ove essa è prevista, quali sono le possibilità attuali di soluzioni diverse.

La qualità umana delle nostre relazioni è in questione quando si compie un atto delittuoso, sia dal punto di vista delle condizioni che lo hanno generato e reso possibile, sia dal punto di vista del modo in cui reagiamo ad esso e delle prospettive di futuro che ci poniamo.

Le responsabilità sono differenziate e connesse tra loro: per chi ha commesso un crimine e per chi lo ha subito, per chi è chiamato ad interpretare ed applicare le norme, per chi può concorrere a trovare vie giuridiche migliori, per chi è comunque chiamato a dare il suo proprio contributo nel processo culturale al quale partecipa.[1]

Il punto di vista etico

La domanda circa la pena di morte si inserisce nella più ampia questione circa la pena, che dovremo ricordare per collocare correttamente gli

---

[1] Una panoramica sul pensiero cattolico in K. RAHNER, «Colpa – responsabilità – punizione nel pensiero della teologia cattolica» in ID., *Nuovi Saggi*, Roma, 1968, 329-361.

aspetti specifici di una pena che sopprime la vita stessa del condannato. Si tratta di interpretare eticamente questa realtà, che il codice penale di alcuni paesi legittima, con l'attenzione di chi ricerca la giustizia, volendo capire in che modo sia coinvolta l'esperienza di moralità delle persone nel loro vivere insieme.

Anche le espressioni della vita sociale, con le sue istituzioni e con il suo continuo strutturarsi, sono realtà personali, implicano libertà e responsabilità di singoli e di gruppi, mettono in gioco le coscienze. La comune ricerca della giustizia non si riduce ad una questione funzionale, o di equilibri politici, o di registrazione dei diritti individuali già riconosciuti. Il senso e il valore dell'esistenza umana si pongono sempre di nuovo come criterio di interpretazione del bene concretamente possibile e quindi vincolante per la libertà chiamata a farsi responsabilità.

La dimensione sociale della vita personale appartiene all'esperienza etica fin dal suo costituirsi. La libertà, come capacità di scelta consapevole, è qualificata moralmente in base alla relazione con altre persone. Dal punto di vista antropologico la relazionalità interpersonale è costitutiva dell'essere persona. Sul piano etico, il senso e il valore dell'altro chiedono alla libertà di farsi responsabile: l'essere costituiti in relazione pone l'istanza personale del bene radicalmente come accoglienza dell'altro (con la sua esistenza, con la sua libertà e le sue possibilità di umanità) *perché persona* (non per altri motivi e non a condizioni arbitrariamente poste).

Di fronte ad ogni persona ciascuno di noi sa (anche nelle situazioni più complesse) che può scegliere fra due sole possibilità: o far in modo che la propria libertà sia liberante le possibilità di vita e di libertà dell'altro, o farla essere arbitraria, nel privilegio di sé che contrasta e contrista il vivere altrui. Nel caso positivo, la vita e le decisioni personali rendono all'altro possibilità di vita: lo si fa vivere per quanto dipende dalle proprie possibilità. Nel caso negativo, con le proprie decisioni si mortifica l'altro, fino a farlo morire se occorre. Ciò può essere fatto in tanti modi, anche in scelte e comportamenti di elegante negazione, ignorando o evitando.

L'alternativa è radicale. All'interno della propria interiorità personale il giudizio non è a proprio arbitrio. Ciascuno sa che, per quanto dipende da lui, se non si rende responsabile della vita dell'altro, viene meno alla propria umanità con il suo comportamento irresponsabile. Sappiamo bene di non poter giustificare ragionevolmente neppure l'indifferenza o il tentativo di evitare la presenza dell'altro, perché anche simili vie equivarrebbero in ogni caso ad un rifiuto. Del resto, questa non può essere la regola secondo la quale si comportano gli uomini sulla terra, poiché negando o fuggendo nessuno si assumerebbe la responsabilità per la vita dell'altro. In realtà, ciascuno si farebbe omicida. La responsabilità di ciascuno avrà sempre il limite delle proprie possibilità reali, ma rimane escluso ogni spazio di giustificazione per decisioni arbitrarie.

Il bene comune

Il riferimento al bene comune risulta abitualmente presente, con forza argomentativa fondamentale, quando si parla di applicazione del codice penale, inclusa la pena di morte. Il concetto viene inteso come ovviamente connesso con quello di giustizia e ciò non è certo senza ragioni. Conviene, tuttavia, soffermarsi ad esaminare la nozione corrente di bene comune, per verificare se la dimensione etica sia presente in essa in maniera adeguata.

Per ogni tipo e livello di struttura sociale si potrebbe individuare un contenuto specifico di bene comune 'particolare', in base alle finalità specifiche che i membri di ciascun corpo sociale perseguono insieme: un'azienda o uno stato, un'associazione culturale o una comunità religiosa o etnica, hanno diversi tipi di fondamento e di finalità, da cui dipende la determinazione di che cosa costituisca il bene perseguito che li accomuna. Ma in base a quale criterio possiamo riconoscere una valenza etica a quelle finalità e al corrispondente bene comune perseguito o raggiunto? Il solo dato di fatto che una forma di aggregazione sociale si è costituita non basta a giustificarne moralmente i fini: potrebbe addirittura configurarsi come società 'a delinquere'. Possiamo parlare di un bene comune non 'particolare' ma universale, proprio della famiglia umana in quanto tale, così che debba comunque essere proprio di ogni forma e livello di socialità? Che cosa qualifica in senso propriamente umano ciò che può essere riconosciuto come bene comune?

Quando il bene comune fosse inteso o voluto come un patrimonio comune cui attingere il più possibile per il vantaggio privato o di parte, la moralità del vivere sociale già sarebbe compromessa alla radice. In realtà, l'appartenenza alla società, ai suoi diversi livelli, è assunta personalmente in libera responsabilità positiva quando si intende perseguire il bene di coloro con i quali si vive, nella misura delle proprie possibilità. Ciò che accomuna *eticamente* un gruppo di persone è la condivisione di una finalità di bene che possiamo indicare come ricerca della migliore umanità di vita per ciascuno. Tale finalità è realmente assunta e condivisa quando diventa, nel concreto delle decisioni, fondamento e criterio delle relazioni, degli obiettivi che si stabiliscono, della scelta dei mezzi per ottenerli. In tal modo, bene comune è la comunione stessa, la tendenziale condivisione dell'esistenza nelle sue concrete possibilità, con l'assunzione di responsabilità nel creare condizioni ulteriori di umanità. Se infatti la moralità personale positiva è indicata nella relazione di gratuita accoglienza dell'altro, nel fare della propria libertà una responsabilità per la vita e le possibilità di vita dell'altro, la moralità della vita sociale sarà indicata nella condivisione dell'esistenza.

Pertanto, inteso eticamente, il bene comune indica il senso del nostro vivere insieme, il fine ultimo di ogni forma di vita sociale, la meta verso cui andiamo, nella *condivisione dell'esistenza*. È come indicare un *fine ultimo* della società, la sua *utopia*, in modo che i fini intermedi siano criticamente valutabili nel loro essere ordinati a tale fine di comunione.

In questo orizzonte, anche la reciprocità, che normalmente il condividere richiama, non sarà intesa come condizione previa, bensì come finalità da perseguire. Porre la reciprocità come condizione previa sarebbe in realtà la pretesa di farsi arbitro dell'altro, che così non sarebbe accolto come e perché persona, bensì a condizione di proprie garanzie e in funzione della propria presunta sicurezza. Per i cristiani ciò evoca la tentazione di delimitare l'amore del prossimo («chi è il mio prossimo?»), mentre il valore etico della relazione consiste nel creare prossimità.

Nelle tradizioni cristiane la teologia dell'alleanza e la teologia della creazione hanno interpretato la ricerca di una umanità solidale e condivisa come volontà di Dio creatore, secondo l'intenzionalità del suo operare che sempre crea e rende possibile la comunione con lui e in lui. Il credente assume in propria libera responsabilità nella storia i fini e i criteri che riconosce appartenere all'intenzionalità operante di Dio.[2] All'interno della tradizione cristiana, parlare di *comunione* significa interpretare l'utopia del vivere insieme su questa terra nella prospettiva della carità cristiana, secondo l'intenzionalità di Dio e dei suoi interventi salvifici, ricordando Gesù. Sappiamo che siamo ad un certo punto della storia, che non siamo prima del peccato originale e che abbiamo conosciuto la salvezza in Gesù Cristo. Ci riconosciamo in una condizione storica che vive già sotto il segno della sua presenza salvante, anche se ancora in cammino nell'accoglienza di questa salvezza.

Bene comune è, dunque, il compimento di un'umanità autentica, in cui l'esistenza è condivisa, in cui la vita di ciascuno rende possibile la vita degli altri, la libertà crea capacità di libertà, la solidarietà realmente perseguita rende possibile il superamento umano dei conflitti. Anche quando l'intesa su questioni e obiettivi rilevanti è difficile, a causa di profonde diversità nell'intendere determinati valori o nell'interpretarne le possibilità di attuazione, la ricerca di necessari compromessi non potrà eticamente legittimare logiche impositive o di parte. Le regole, le competenze, i ruoli, le maggioranze, sono strumenti necessari ma con tutta la fragilità degli strumenti (forse eticamente tanto più fragili quanto più sono potenti e quindi in grado di causare mali umani enormi), che possono venire usati

---

[2] L'intenzionalità di Dio si esprime nei suoi interventi salvifici, dall'Esodo alla Pasqua di Gesù. Essi creano comunione e domandano comunione, come realtà di vera solidarietà che nutre la fede e traduce la fede nella cura gratuita dell'altro. Cf. W. EICHRODT, *Teologia dell'Antico Testamento*, 1. *Dio e popolo*, Brescia, 1979; R. DE VAUX, *Le Istituzioni dell'Antico Testamento*, Torino, 1964.

per il bene comune o per autogiustificare il reale perseguimento di finalità private o di parte. Così, rispetto ai diversi strumenti della vita associata, rispetto alle diverse istituzioni e alle modalità con cui viviamo nelle istituzioni, rispetto anche agli strumenti giuridici compreso quello penale, la domanda sul criterio di interpretazione e sull'efficacia del bene comune diventerà, allora, interrogazione sul modo di strutturare le relazioni tra di noi.[3]

Vittime, colpevoli, società: quale giustizia?

Consideriamo le relazioni umane implicate nelle situazioni in cui una pena viene invocata o comminata. Un gruppo sociale, attraverso i suoi rappresentanti e secondo le sue procedure, verifica i fatti, riconosce un danno arrecato a qualcuno attraverso un comportamento delittuoso, identifica e giudica il colpevole, sancisce per lui una pena. Escludiamo, naturalmente, che possa essere giustificata eticamente una pena intesa di fatto come vendetta, rivalsa, negazione del valore personale del colpevole.

Il male causato al colpito può essere riparabile (un furto) o non riparabile (un assassinio). In realtà esso non è mai del tutto riparabile (come se nulla fosse successo) nelle sue conseguenze e la ricerca di una riparazione non troppo inadeguata porta comunque a considerare, oltre gli aspetti materiali, la realtà delle relazioni, ove non si tratta di restituire, bensì di (ri)costruire.

Il colpevole individuato è nato e cresciuto in una società, nella quale si è formato e dalla quale ha avuto le possibilità concrete del suo vivere e del suo operare. Il suo comportamento è pure uno scacco della società, non senza responsabilità condivise, nel generare o conservare logiche e strutture non solidali o comunque inadeguate al bene comune, nel consentire di fatto a modelli e stili di vita che facilitano o almeno consentono profonde deformazioni interiori e comportamenti devianti.

Quando il danno è riparabile, ripararlo non è propriamente una pena, ma un semplice dovere di giustizia. Nella misura in cui il colpevole non fosse in grado di farlo, non potrebbe esimersi da questo compito la società che non ha saputo evitare il male provocato. Colpito, colpevole e società hanno il dovere di costruire umanità di relazioni a partire dalla condizione concreta in cui si sono verificate relazioni umanamente fallite o contraddette. Non è possibile cancellare ciò che è accaduto, si tratta di riconoscerlo e di fare ora, nelle condizioni che si sono create, il bene concretamente possibile.

---

[3] S. BASTIANEL, «Strutture di peccato. Una sfida teologica e pastorale» in *La Civiltà Cattolica*, n. 3328, 140/1 (1989) 325338; P. BOVATI, *Ristabilire la giustizia. Procedure, vocabolario, orientamenti*, Roma, 1986.

Quando il danno non è riparabile, colpevole e società hanno il dovere di costruire il bene umano possibile, riconoscendo che un bene è stato distrutto e che le conseguenze di ciò non possono essere direttamente sanate. Anche in questa condizione il colpevole è chiamato ad essere persona, in quanto dipende da lui. Non è che, siccome ha provocato dei guai, siccome è diventato delinquente, egli debba rimanere delinquente. Per non rimanere delinquente, anche egli ha bisogno di cercare e fare *il bene* nella ricerca e nell'attuazione di quel *bene* che è per lui concretamente possibile. Del resto, appartiene precisamente all'interesse per la sua umanità il capire e il sapere che *c'è* un bene a lui possibile, che, dunque, gli è chiesto oggi in coscienza.

Il male causato a se stesso dal colpevole è sempre superabile, ma solo a partire dalla sua libertà, che tuttavia può essere aiutata o abbandonata a se stessa, o perfino resa più difficile ed ostacolata. Si tratta sempre del suo interiore riconoscersi colpevole e voler realmente assumersi la responsabilità di vivere onestamente, cosa che ha bisogno di esprimersi in qualche forma di visibilità e riconoscibilità sociale, come è stato per il comportamento delittuoso.

Naturalmente, non sarà vero che il colpevole cerca realmente di essere onesto e di cambiare se, potendo restituire non restituisce, potendo aiutare non aiuta, potendo fare qualche cosa per sanare i danni che ha creato non lo fa, potendo favorire la crescita dell'altro continua a privilegiare se stesso. In ogni caso, ciò che egli deve fare per non continuare a fallire oggi ancora il senso della propria esistenza è precisamente assumersi, in responsabile libertà, la cura dell'altro e degli altri in maniera tendenzialmente non interessata o preoccupata di sé, ma gratuita. Chiamiamo normalmente conversione questo cambiamento personale interiore che si esprime nella concretezza anche visibile delle decisioni personali. Può non essere facile, ma è sempre possibile fino a che una persona vive e rimane capace di conoscenza e libertà: moralmente le è chiesto, anche nella sua condizione, di fare sinceramente e realmente il bene che riconosce e di cui è capace. Non si tratta di dichiararsi pentito, magari per opportunità e possibili vantaggi personali. Si tratta di volere effettivamente il bene perché è bene.

Qui trova tutto il suo significato anche una possibile pena medicinale. Per dirsi tale, essa ha bisogno di essere effettivamente commisurata alle condizioni reali della persona nel suo contesto, in quanto è possibile comprendere. Ciò significa che la pena stessa deve appartenere alla responsabilità che la società si assume per favorire la conversione del colpevole, cioè per aiutarlo a ricostruire il meglio possibile la sua umanità e con ciò inserirsi positivamente nel tessuto sociale, contribuendo positivamente alla ricerca e attuazione di una umanità migliore. Forse una difficoltà fondamentale circa il carattere medicinale della pena è ciò che essa suppone: una società che voglia il bene del reo, che sappia riconoscersi corresponsabile nel suo operato delittuoso, che voglia convertirsi, cercando vie per una strutturazione sociale delle relazioni più adatta a sostenere le persone (in particolare quelle di volta in volta coinvolte) nel riconoscere e volere il bene.

Facilmente opposte a questa prospettiva saranno le tendenze al facile giudizio autogiustificante, con cui singoli e gruppi sociali, identificando il colpevole e condannandolo, evitano di mettere in questione se stessi, i propri criteri e orientamenti, le proprie scelte e strutture di vita.

Il privilegio del debole: giustizia e debolezza

L'attenzione alla realtà oggettiva delle persone appartiene all'esigenza etica primaria di chiunque voglia fare il bene. Senza fare il possibile per conoscere oggettivamente le possibilità di attuare ciò che è bene ed evitare ciò che è male, le scelte sarebbero arbitrarie, la libertà si negherebbe alla responsabilità che le è chiesta.

Nel campo della giustizia si dirà che essa esige una cura primaria per il debole, a causa della sua obiettiva condizione di bisogno. Dove c'è disparità di condizioni personali, ricerca della giustizia sociale (bene comune) sarà precisamente attenzione primaria allo svantaggiato, per sollevarlo dalla sua condizione. Qualsiasi tipo di debolezza chiede questa attenzione, non a causa di eventuali meriti del debole, ma a causa dell'istanza etica di riconoscere ed accogliere la persona per il suo valore di persona.

Dovendo riconoscere che non riusciamo comunque a rispondere a tutti i bisogni ed evitare tutti i mali, la riflessione etica ha cura di precisare che i criteri delle scelte devono essere oggettivi, come i criteri della gerarchia e dell'urgenza. Anche nei casi estremi di oggettivo conflitto tra valori di pari dignità ed urgenza, la teologia morale ha sviluppato un'accurata ricerca di criteri oggettivi, come nel caso della legittima difesa, in cui precisamente la condizione di debolezza ha il suo peso risolutivo.

I termini del principio della legittima difesa sono i seguenti: è lecito difendere se stessi o una terza persona, di fronte ad un'aggressione ingiusta in atto, anche violentemente fino al limite dell'uccisione dell'aggressore (*extrema ratio*), con proporzione fra il male inferto e il bene minacciato (*ratio proportionata*).

Le argomentazioni in merito indicano che le categorie di 'vittima innocente' e di 'ingiusto aggressore' vanno intese solo sulla base dei dati di fatto oggettivi in questione (l'aggredito potrebbe pure essere *aliunde* conosciuto come un malfattore e l'aggressore come persona onesta). La *ratio proportionata* potrebbe sembrare di impossibile considerazione quando si tratta di decidere in pochi attimi, ma viene egualmente esplicitata, poiché si tratta di formazione delle coscienze e non si può legittimare eticamente una scelta arbitraria che contraddica l'istanza assoluta del bene possibile (introducendo criteri come il privilegio di sé o la vendetta). Il caso estremo del conflitto pone in primo piano il privilegio del debole nella oggettività della situazione ipotizzata.

Che cosa fa dire che, a parità di valori e di urgenza (la vita dell'aggressore e dell'aggredito), è moralmente corretto intervenire difendendo la vita dell'aggredito, anche se l'unico modo fosse un modo violento, fino alla possibilità di uccidere l'aggressore? È che si tratta di una condizione conflittuale in cui è riconoscibile una disparità a causa della debolezza oggettiva di chi si trova nella condizione di aggredito: questi è nella condizione del debole, del povero, di colui che non è in grado di far valere il suo diritto alla vita, rispetto all'aggressore che oggettivamente sta per ledere questo diritto. Il principio della legittima difesa, attribuendo la preferenza alla vita dell'aggredito, esprime in realtà *una preferenza per il debole (oggettivamente tale)*.[4]

Nei casi di comportamenti delittuosi possiamo riconoscere diversi livelli di debolezza. Innanzi tutto la società stessa, che deve riconoscere la sua inadeguatezza rispetto al suo fine, al bene comune da perseguire nella reale condivisione di tutti. Essa ha verosimilmente bisogno di una maggiore capacità di umanità nelle sue istituzioni formative, nell'ordinamento della vita sociale, nei luoghi di produzione culturale, nella vita della *polis*. Certo ha bisogno anche di tutelarsi, ma soprattutto promuovendo un'umanità migliore. Non ha bisogno di ingannarsi su una presunta giustizia, di uno stato o di una nazione fondamentalmente sani, nei quali i comportamenti delittuosi sarebbero solo episodi inspiegabili o frutto di gruppi deliranti. Non ha bisogno di ingannarsi affidandosi ad una fallace logica di difesa che produce e conferma logiche violente.

Vi è poi la debolezza di coloro che sono stati colpiti da comportamenti delittuosi. Questi hanno bisogno di essere aiutati e sostenuti, non solo per riparare i danni subiti, ma ancor più per ricostruire in positivo il tessuto delle relazioni in cui vivono. Non devono essere ingannati con una sorta di appagamento attraverso una rivincita vendicativa (con la condanna del reo). La logica della pena inflitta per appagamento non risolve i danni arrecati, non cancella la colpa, non fa superare la condizione di colpevole, non riconosce la corresponsabilità sociale, non orienta al fine del bene comune

---

[4] Molto prima della formulazione del principio, del resto, il criterio dell'attenzione privilegiata ai deboli ha già una continuità centrale nella Bibbia, in riferimento all'operare di Dio e alla sua intenzionalità fino al compimento in Cristo: si pensi all'alleanza, alla prospettiva messianica con l'annuncio del regno di Dio ai poveri, alle beatitudini. Cf. J. DUPONT, *Le beatitudini*, Cinisello Balsamo, 2 voll., 1972, 1977; S. BASTIANEL, «Un'etica delle beatitudini per la cultura contemporanea» in F. COMPAGNONI – S. PRIVITERA (edd.), *Vita morale e beatitudini. Sacra Scrittura, storia, teoretica, esperienza*, Cinisello Balsamo, 2000.

(condivisione dell'esistenza) da costruire. A livello di cultura sociale condivisa, il limitarsi alla rivincita penalizzante esprimerebbe e legittimerebbe una logica di relazioni violente, con l'aggravante della copertura di legalità. Inoltre, ciò rischierebbe di produrre a sua volta relazioni che tendono a legittimarsi in base alla prepotenza e alla vittoria del più forte. La società che costruiamo, in questa ipotesi, sarà figlia di una tale cultura condivisa, con le logiche in essa presenti.

La debolezza del colpevole richiama il suo bisogno di essere aiutato a superare la sua fragilità morale. Certo, nessuno può ricostruire la sua coscienza, nessuno può fare al posto suo i passi di libertà di cui ha bisogno. Ma sarà normalmente assai rilevante l'esperienza di umanità che gli viene messa accanto. Le vicende giudiziarie e le loro conseguenze gli daranno il volto dell'umanità reale in cui vive, gli parleranno di accoglienza o di rifiuto, di verità o di menzogna, di giustizia o di violenza.

La sincerità morale di tutti è messa in questione, in modi e livelli diversi, di fronte ai mali causati da qualcuno. Il codice penale non può risolvere tutti i problemi sociali. Ma in tutti i problemi in cui si tratta di colpa e di pena i diversi attori sono in questione nella loro moralità. E nessuno è soltanto spettatore. In qualche modo siamo tutti attori, chiamati a responsabile presenza nel divenire della vita sociale. Le domande vanno poste con onestà. E in particolare va posta la domanda se per caso non ci sia un problema di mentalità trasversale (rispetto a tutti i credi religiosi e alle varie forme culturali) di autogiustificazione condivisa, come quando, di fronte a comportamenti delittuosi di singoli e di gruppi, si è portati a dire che ci sono deliranti e delinquenti, però la società è sana. Eppure, lo sappiamo, una pianta non cresce se non in un terreno adatto.

La pena di morte

Consideriamo ora, sempre dal punto di vista dell'esperienza etica coinvolta, la realtà delle esecuzioni capitali, iniziando con due annotazioni previe. La prima è che i procedimenti penali, anche quando abbiano tutte le possibili garanzie di correttezza e di imparzialità, non sono esenti dalla possibilità di errore giudiziario: la vita di un innocente potrebbe essere legittimamente soppressa. La seconda riguarda una sensibilità diffusa nella mentalità corrente e indicata come desiderio di giustizia. Con tutto il rispetto e tutta la comprensione dovuti di fronte a fatti drammatici e alle reazioni emotive che essi suscitano, non possiamo trascurare l'equivoco presente quando, invocando giustizia, in realtà si vuole vendetta. Nel caso della pena capitale sarebbe un tragico equivoco, che certo non sana le ferite e che induce l'efficacia del male compiuto a far diventare per altra via colpevoli anche coloro che da quel male sono stati direttamente o indirettamente colpiti.

L'esecuzione capitale in ogni caso non rende giustizia alle vittime. I morti ammazzati non risorgono con una nuova uccisione, agli orfani non vengono restituiti i genitori e i vedovi non ritrovano il coniuge, i danni materiali provocati hanno bisogno di altre vie di riparazione.

A volte si invoca l'efficacia della pena capitale come deterrenza capace di dare garanzia di sicurezza sociale. L'idea non sembra trovare conferma di indagini sociologiche e statistiche, da cui si evinca che la delinquenza sia minore nei paesi in cui la pena capitale è prevista ed applicata. Sembra anche esservi un effetto di segno contrario, in termini di induzione a un più facile ricorso alla violenza estrema da parte di chi vuole compiere reati e garantirsi di rimanere impunito. In ogni caso, a livello di mentalità e formazione morale, è difficile valutare l'effetto di un criterio di comportamento, pubblicamente affermato, secondo il quale non si deve compiere un'azione delittuosa perché è troppo rischiosa e quindi non conviene. Non è importante fare il bene ed evitare il male, ma perseguire l'utile proprio? Si dirà preferibile che una persona eviti di uccidere per paura, piuttosto che uccida. Sì, forse, nell'immediato di una situazione concreta. Ma quando la persona si senta sicura di riuscire ad evitare il rischio, o quando il vantaggio sperato sia stimato molto grande? Inoltre, sul piano della formazione e nella prospettiva delle mentalità condivise a che cosa conduce questa logica, se non a confermare logiche di privilegio di sé, di possesso, di violenza?

La dimensione medicinale della pena è ovviamente negata con l'esecuzione capitale. In questo caso la società ritiene che il colpevole non ha alcun valore di persona che debba essere accolto e nessuna possibilità di umanità di cui prendersi cura. La pena di morte legittimata e comminata afferma di fatto un principio assai grave, perché contraddice fondamentalmente la base dell'esperienza etica e della vita sociale: in certi casi la vita umana può deliberatamente essere soppressa, a giudizio di chi ha il potere politico necessario per decidere quando e perché, stabilendone le regole. La vita di una persona, il suo valore e la sua dignità, sono affidati al giudizio e alla decisione di qualcuno. Ma è ciò che l'esperienza etica nega fin dal suo sorgere: di fronte all'altro persona, io sono in grado di decidere a mio arbitrio, ma non posso nascondere a me stesso che la mia decisione è arbitraria e nega la verità se non accolgo l'altro come persona e non dispongo la mia vita in modo che egli possa essere persona vivente.

Nei ragionamenti giustificativi della pena capitale, l'argomento del bene comune da tutelare sembra proporsi con una sua specifica autorevolezza. Ma ricordiamo innanzi tutto che, quando è in questione la pena di morte, è chiaro che il bene comune non è stato tutelato e precisamente chi non ha saputo o potuto farlo dichiara di volerlo fare, uccidendo una persona colpevole (e dichiarandosi con ciò innocente), cioè rinunciando con ciò stesso proprio a perseguire il bene comune, che necessariamente include il bene di quella persona. Quanto meno, così si dichiara che il bene comune non è perseguibile in certi casi, quando ci siano problemi gravi. La pericolosità sociale del colpevole viene risolta con l'uccisione di una vita, senza provvedere con altre misure normalmente possibili. Dovremmo chiederci: c'è un pericolo sociale maggiore del potere di sopprimere la vita di una persona?

Nel fare riferimento all'argomento della doverosa difesa sociale, per tentare di giustificare il ricorso alla pena capitale, c'è chi la pone in rapporto con il principio di legittima difesa. Va chiaramente ricordato che non sussiste analogia tra pena capitale e legittima difesa: questa non è una pena, ma una soluzione di conflitto in circostanze ben precisate (che non ricorrono nel caso della pena di morte) e a condizioni che il caso della pena capitale non rispetterebbe. Quando viene comminata la pena di morte non si tratta della pericolosità di un'aggressione in atto, né dell'unica via per tutelare altri da aggressioni violente. La legittima difesa riconosce la possibilità di oggettivo conflitto tra vita di una persona e vita di un'altra persona, ma chiede la reale volontà di rispettarle *entrambe* in quanto possibile e, solo nel caso estremo di impossibilità, pone come criterio di preferenza la scelta di chi è nella *concreta condizione oggettiva* di maggior debolezza.

Pontificia Università Gregoriana   SERGIO BASTIANEL, S.I.
Piazza della Pilotta, 4
00187 Roma

SOMMARIO

Il problema della pena di morte solleva questioni etiche almeno a due livelli: per le persone direttamente coinvolte nei fatti e nelle procedure penali, per la società nel suo vivere e strutturarsi. La questione si inserisce in quella più ampia della pena, che chiama in causa la vita personale e sociale nella sua 'giustizia', l'idea di bene comune, le finalità e le logiche condivise. Inteso eticamente, il bene comune indica nella condivisione dell'esistenza il senso e il fine di ogni forma di vita sociale. La qualità umana delle relazioni è in questione nelle domande circa le vittime, i colpevoli e la società stessa nella sua responsabilità.

The death penalty raises ethical questions at a minimum of two levels: regarding the persons directly involved in the events and penal procedures, and regarding the life and structures of society. The issue lies within the wider question of punishment, which calls into question 'justice' in personal and social life, the idea of the common good, finality and shared logics. As understood ethically, the common good indicates, in the sharing of existence, the meaning and purpose of every form of social life. The human quality of relations is relevant to matters concerning the victims, the perpetrators and the responsibilities of society.

La pena di morte
alla luce di una riflessione teologica sul diritto
La pena di morte nel recente insegnamento della Chiesa

Si costata che recentemente nel magistero della Chiesa c'è stata una chiara presa di posizione contro la pena di morte.[1]

Essa era vigente nell'ordinamento penale dello Stato Città del Vaticano fino al 1969,[2] anche se non è mai stata applicata dalla sua costituzione nel 1929. Giovanni Paolo II ben quattro volte affronta la questione nella sua Enciclica *Evangeliun vitae* del 25 marzo 1995,[3] il che è già di per sé indicativo dell'importanza che il Pontefice ha voluto dargli.

---

[1] Per quello che riguarda il magistero precedente, cf. P. CARLOTTI, «La pena di morte. L'attuale sviluppo magisteriale» in *Gregorianum* 88 (2007) 92-119.

[2] La Legge sulle Fonti del Diritto – emanata con la stessa data della Legge Fondamentale dello Stato della Città del Vaticano del 7 giugno 1929 (*AAS Suppl.* 1, 1929, 1-4) – all'art. 4 faceva riferimento alla sanzione della pena capitale per attentato alla vita, all'integrità o alla libertà personale del Romano Pontefice (*Ibid.* 5-13); la legge emanata da Paolo VI il 21 giugno 1969, che modifica la legislazione penale e la legislazione processuale penale nello Stato della Città del Vaticano, all'art. 44,1, abroga tale articolo 4 della Legge sulle Fonti del Diritto, e quindi abolisce la pena di morte (cf. *AAS Suppl.* 40, 1969, 25).

[3] Cf. *AAS* 87 (1995) 401-522. Quanto Giovanni Paolo II afferma nell'Enciclica traduce sul piano dottrinale il suo impegno personale per l'abolizione o una moratoria della pena di morte. Giovanni Paolo II durante il suo lungo pontificato non ha perso occasione, nei suoi viaggi apostolici, omelie, *Angelus* domenicali, messaggi natalizi, per levare la sua autorevole voce, tuttavia meritano particolare menzione il suo intervento all'Assemblea Parlamentare del Consiglio d'Europa il 29 marzo 1999, il suo appoggio alla manifestazione tenutasi il 12 dicembre 1999 a Roma al Colosseo in favore di una moratoria della pena di morte, la sua richiesta di sospensione delle esecuzioni capitali durante l'anno giubilare del 2000, i suoi ripetuti appelli presso i governi per atti di clemenza nei confronti di condannati a morte, come quelli in favore di Paula Cooper (1987), Joseph O'Dell (1996), Timothy Mc Veigh (1997), Darrel Mease (1999), Karla Tucker (1999), Darrel Mease (1999), Derek Rocco Barnabei (2000), Eugene Calvin Hale (2000). Il magistero e l'azione di Giovanni Paolo II sono stati sostenuti dalla presa di posizione, in svariate circostanze, di più vescovi a titolo personale e di diverse Conferenze Episcopali contro la pena di morte, come Corea, Filippine, Slovacchia, Zimbabwe, Sud Africa, Perù, Brasile, Sri Lanka, Spagna, Taiwan, Canada, Francia, Irlanda, Argentina, Inghilterra e Galles, Cile, Antille; di particolare rilievo è stato l'intervento della Conferenza Episcopale degli Stati Uniti

Nel n. 9 dell'Enciclica Giovanni Paolo II afferma:

> Dio, tuttavia, sempre misericordioso anche quando punisce, «impose a Caino un segno, perché non lo colpisse chiunque l'avesse incontrato» (Gen 4, 15): gli dà, dunque, un contrassegno, che ha lo scopo non di condannarlo all'esecrazione degli altri uomini, ma di proteggerlo e difenderlo da quanti vorranno ucciderlo fosse anche per vendicare la morte di Abele. Neppure l'omicida perde la sua dignità personale e Dio stesso se ne fa garante. Ed è proprio qui che si manifesta il paradossale mistero della misericordiosa giustizia di Dio, come scrive sant'Ambrogio: «Poiché era stato commesso un fratricidio, cioè il più grande dei crimini, nel momento in cui si introdusse il peccato, subito dovette essere estesa la legge della misericordia divina; perché, se il castigo avesse colpito immediatamente il colpevole, non accadesse che gli uomini, nel punire, non usassero alcuna tolleranza né mitezza, ma consegnassero immediatamente al castigo i colpevoli. [...] Dio respinse Caino dal suo cospetto e, rinnegato dai suoi genitori, lo relegò come nell'esilio di una abitazione separata, per il fatto che era passato dall'umana mitezza alla ferocia belluina. Tuttavia Dio non volle punire l'omicida con un omicidio, poiché vuole il pentimento del peccatore più che la sua morte.[4]

Dio condanna il peccato di Caino, ma mostra verso di lui misericordia, difendendolo, con il segno che gli impone, da quanti lo volessero uccidere per vendicare la morte di Abele, in quanto Dio non vuole la morte del peccatore ma che si converta e viva. La finalità di ogni punizione del peccatore, per Dio è la sua salvezza. Nello stesso tempo, Dio vuole evitare che altri si macchino del peccato di omicidio, uccidendo Caino. La vendetta di Abele, infliggendo la morte a Caino, viene chiaramente considerata un omicidio, in quanto nemmeno l'omicida perde la sua dignità di uomo, creato ad immagine somigliante di Dio e costituito figlio di Dio nell'unico Figlio, Gesù Cristo.

Dopo avere ricordato che, proprio in una società che sotto certi aspetti attenta alla vita con la legalizzazione dell'aborto e in alcuni luoghi dell'eutanasia, sono motivo di speranza «i movimenti e le iniziative di sensibilizzazione sociale in favore della vita» e quanto tante persone si adoperano operativamente ogni giorno in questo senso, nonché un «nuova sensibilità sempre più contraria alla guerra», nel n. 27 Giovanni Paolo II afferma:

> Nel medesimo orizzonte si pone altresì la *sempre più diffusa avversione dell'opinione pubblica alla pena di morte* anche solo come strumento di «legittima

---

d'America con il documento, approvato dall'Assemblea Generale del novembre 2005, *A Culture of Life and the Penality of Death. A statement of the United States Conference of Catholic Bishops Calling for an End to the Use of the Death Penality*, Washington, D.C. 2005.

[4] Citazione nella nota 13: *De Cain et Abel*, II, 10, 38; *CSEL* 32, 408.

difesa» sociale, in considerazione delle possibilità di cui dispone una moderna società di reprimere efficacemente il crimine in modi che, mentre rendono inoffensivo colui che l'ha commesso, non gli tolgono definitivamente la possibilità di redimersi.

Due elementi sono degni di essere messi in rilievo: 1) nell'opinione pubblica non appare più chiaro che la pena di morte possa comprendersi come una legittima difesa da parte della società moderna, avendo questa i mezzi per reprimere efficacemente i crimini; 2) la pena di morte toglie al reo la possibilità di redimersi, che è la finalità di ogni punizione.

Una terza volta ritorna sul tema Giovanni Paolo II, nel n.40, trattando dell'inviolabilità della vita, dicendo:

> Dalla sacralità della vita scaturisce la sua *inviolabilità, inscritta fin dalle origini nel cuore dell'uomo,* nella sua coscienza. La domanda «Che hai fatto?» (Gen 4:10), con cui Dio si rivolge a Caino dopo che questi ha ucciso il fratello Abele, traduce l'esperienza di ogni uomo: nel profondo della sua coscienza, egli viene sempre richiamato alla inviolabilità della vita – della sua vita e di quella degli altri –, come realtà che non gli appartiene, perché proprietà e dono di Dio Creatore e Padre.
> Il comandamento relativo all'inviolabilità della vita umana risuona *al centro delle «dieci parole» nell'Alleanza del Sinai* (cf. Es 34:28). Esso proibisce, anzitutto, l'omicidio: «Non uccidere» (Es 20:13); «Non far morire l'innocente e il giusto» (Es 23:7); ma proibisce anche — come viene esplicitato nell'ulteriore legislazione di Israele — ogni lesione inflitta all'altro (cf. Es 21:12-27). Certo, bisogna riconoscere che nell'Antico Testamento questa sensibilità per il valore della vita, pur già così marcata, non raggiunge ancora la finezza del Discorso della Montagna, come emerge da alcuni aspetti della legislazione allora vigente, che prevedeva pene corporali non lievi e persino la pena di morte. Ma il messaggio complessivo, che spetterà al Nuovo Testamento di portare alla perfezione, è un forte appello al rispetto dell'inviolabilità della vita fisica e dell'integrità personale, ed ha il suo vertice nel comandamento positivo che obbliga a farsi carico del prossimo come di se stessi: «Amerai il tuo prossimo come te stesso» (Lv 19:18).

Se la vita umana è sacra perché – come ricorda Giovanni Paolo II nel n.40 dell'Enc. *Evangelium vitae,* proprio nel contesto di quanto dice sulla pena di morte – è dono di Dio e Signore di essa è Dio solo, tale sacralità è inerente a ogni vita umana, quindi non viene persa neanche da chi ha commesso gravi delitti contro l'uomo. La coscienza di questa dimensione più profonda della vita umana emerge progressivamente e trova la sua piena espressione solo nel Nuovo Testamento con la radicalità della proclamazione del precetto dell'amore del prossimo, anche dei nemici, contenuta nel Discorso della Montagna, che obbliga a farci carico del prossimo, come Cristo ha fatto di tutti noi peccatori, per essere perfetti/misericordiosi com'è perfetto/misericordioso il Padre che è nei Cieli (Mt 5:43-48; Lc 6:36).

Cristo porta a compimento la Legge, perché lui stesso è la Legge, quindi i criteri di valutazione della realtà debbono essere trovati in relazione alla sua persona, al suo insegnamento e al suo agire. Per questo, anche se nell'Antico Testamento era ammessa la pena di morte, ciò non può essere portato a sostegno dell'applicabilità di tale pena oggi, dopo la venuta di Gesù. La soppressione del reo è di fatto un non volersi far carico del prossimo e un non voler far proprio l'insegnamento di Gesù, che lui è venuto a cercare e salvare ciò che era perduto (Lc 19:10).

Nel n. 55 dell'Enciclica, Giovanni Paolo II, dopo aver ribadito che solo Dio è padrone della vita e che quindi è un peccato di particolare gravità uccidere un essere umano, nel quale è presente l'immagine di Dio, affronta la questione della legittima difesa, dove emerge il conflitto tra il diritto a proteggere la propria vita e il dovere di non ledere quella dell'altro. Il diritto alla difesa della propria vita è un diritto personale inalienabile, all'esercizio del quale si può rinunciare «solo in forza di un amore eroico, che approfondisce e trasfigura lo stesso amore di sé, secondo lo spirito delle beatitudini evangeliche (cf. Mt 5:38-48) nella radicalità oblativa di cui è esempio sublime lo stesso Signore Gesù». Va qui chiarificato che, perché la difesa della propria vita infliggendo la morte all'aggressore sia legittima, si richiede che la reazione all'aggressione sia immediata, data dall'istinto di conservazione, e proporzionata, in quanto, se possono essere usati altri mezzi per liberarsi dall'aggressore, essi debbono essere usati. Se la reazione non è immediata e proporzionata in nessun modo si può parlare di legittima difesa e la soppressione dell'aggressore è un vero e proprio omicidio. Infatti, nella legittima difesa si vuole la conservazione della propria vita, non l'uccisione dell'aggressore, che è solo una conseguenza dell'atto di conservazione della propria vita.[5] In sede di giudizio potrebbero eventualmente essere invocate delle attenuanti solo se la reazione fosse stata sproporzionata, perché dettata dalla paura, ma immediata.

A seguito, nel n. 56 Giovanni Paolo II afferma:

> In questo orizzonte si colloca anche il problema della *pena di morte*, su cui si registra, nella Chiesa come nella società civile, una crescente tendenza che ne chiede un'applicazione assai limitata ed anzi una totale abolizione. Il problema va inquadrato nell'ottica di una giustizia penale che sia sempre più conforme alla dignità dell'uomo e pertanto, in ultima analisi, al disegno di Dio sull'uomo e sulla società. In effetti, la pena che la società infligge «ha come primo scopo di riparare al disordine introdotto dalla colpa».[6] La pubblica au-

---

[5] Cf. *Catechismo della Chiesa Cattolica*, nn. 2263 e 2264, Città del Vaticano, 1997 (in ambedue i numeri si rinvia a S. Tommaso, *Somma Teologica*, II-II, q. 64, a.7).

[6] Nella nota n. 46 si rinvia al *Catechismo della Chiesa Cattolica*, n. 2266, secondo l'edizione del 1992.

torità deve farsi vindice della violazione dei diritti personali e sociali mediante l'imposizione al reo di una adeguata espiazione del crimine, quale condizione per essere riammesso all'esercizio della propria libertà. In tal modo l'autorità ottiene anche lo scopo di difendere l'ordine pubblico e la sicurezza delle persone, non senza offrire allo stesso reo uno stimolo e un aiuto a correggersi e redimersi.[7]

È chiaro che, proprio per conseguire tutte queste finalità, *la misura e la qualità della pena* devono essere attentamente valutate e decise, e non devono giungere alla misura estrema della soppressione del reo se non in casi di assoluta necessità, quando cioè la difesa della società non fosse possibile altrimenti. Oggi, però, a seguito dell'organizzazione sempre più adeguata dell'istituzione penale, questi casi sono ormai molto rari, se non addirittura praticamente inesistenti.

In ogni caso resta valido il principio indicato dal nuovo *Catechismo della Chiesa Cattolica*, secondo cui «se i mezzi incruenti sono sufficienti per difendere le vite umane dall'aggressore e per proteggere l'ordine pubblico e la sicurezza delle persone, l'autorità si limiterà a questi mezzi, poiché essi sono meglio rispondenti alle condizioni concrete del bene comune e sono più conformi alla dignità della persona umana.[8]

Da questo si evincono due principi. Il primo è che in generale una pena dev'essere sempre conforme alla dignità dell'uomo. Il discernimento circa tale conformità comunque dev'essere fatto in riferimento a Dio e al suo disegno di salvezza sull'uomo e su tutta la società. Il disegno di Dio sul reo è che si salvi, perciò dall'autorità, che deve difendere l'ordine pubblico e la sicurezza delle persone, sempre gli dev'essere offerto tutto l'aiuto possibile per correggersi e redimersi. L'altro principio è che solo nei casi di assoluta necessità, perché è impossibile per la società difendersi altrimenti, si può ammettere la pena di morte. Tuttavia questo principio sembra rimanere piuttosto sul piano della possibilità teorica, in quanto viene affermato che oggi, nella realtà, sono praticamente inesistenti tali casi di assoluta necessità.

L'Enciclica *Evangelium vitae* ha avuto come affetto immediato il cambiamento dei numeri 2265, 2266, 2267 dell'*editio typica* del 1997 del *Catechismo della Chiesa Cattolica*, riguardanti la legittima difesa e la pena di morte.

Il n. 2265 dell'edizione del 1992 del *Catechismo della Chiesa Cattolica* era così formulato:

> La legittima difesa può essere non soltanto un diritto, ma un grave dovere, per chi è responsabile della vita degli altri, del bene comune della famiglia e della comunità civile.

---

[7] Nella nota n. 47 si rinvia allo stesso numero del *Catechismo della Chiesa Cattolica*.
[8] Nella nota n. 48 si rinvia al n. 2267 del *Catechismo della Chiesa Cattolica*.

Giovanni Paolo II, alla fine del n. 55 della sua Enciclica *Evangelium vitae*, dopo aver citato questo testo del *Catechismo* del 1992, aggiungeva:

> Accade purtroppo che la necessità di porre l'aggressore in condizione di non nuocere comporti talvolta la sua soppressione. In tale ipotesi, l'esito mortale va attribuito allo stesso aggressore che vi si è esposto con la sua azione, anche nel caso in cui non fosse moralmente responsabile per mancanza dell'uso della ragione.

Il testo del *Catechismo* rimaneva generico, e di esso nell'Enciclica si fa un'applicazione particolare, che sembrerebbe riferirsi, anche se non è esplicitamente detto, alla pena di morte, in quanto l'affermazione è fatta in relazione al dovere di chi è responsabile del bene comune della comunità civile.

Nell'edizione del 1997 del *Catechismo della Chiesa Cattolica* il n. 2265 così viene riformulato:

> La legittima difesa, oltre che un diritto, può essere anche un grave dovere, per chi è responsabile della vita di altri. La difesa del bene comune esige che si ponga l'ingiusto aggressore in stato di non nuocere. A questo titolo, i legittimi detentori dell'autorità hanno il diritto di usare anche le armi per respingere gli aggressori della comunità civile affidata alla loro responsabilità.

Chiaro è il riferimento al diritto di difesa armata in caso di aggressione armata, quindi nessun riferimento, neanche implicito, si ha alla legittima difesa individuale oppure al diritto dell'autorità civile di infliggere la pena di morte per la necessità di porre l'aggressore nella condizione di non più nuocere.

I numeri che hanno subito il più forte cambiamento sono il 2266 e il 2267. Nell'edizione del 1992:

> 2266. Difendere il bene comune della società esige che si ponga l'aggressore in stato di non nuocere. A questo titolo l'insegnamento tradizionale della Chiesa ha riconosciuto fondato il diritto e il dovere della legittima autorità pubblica di infliggere pene proporzionate alla gravità del delitto, senza escludere, in casi di estrema gravità, la pena di morte. Per analoghi motivi, i detentori dell'autorità hanno il diritto di usare le armi per respingere gli aggressori della comunità civile affidata alla loro responsabilità.
> La pena ha come primo scopo di riparare al disordine introdotto dalla colpa. Quando è volontariamente accettata dal colpevole, la pena ha valore di espiazione. Inoltre, la pena ha lo scopo di difendere l'ordine pubblico e la sicurezza delle persone. Infine, la pena ha valore medicinale: nella misura del possibile, essa deve contribuire alla correzione del colpevole.
> 2267. Se i mezzi incruenti sono sufficienti per difendere le vite umane dall'aggressore e per proteggere l'ordine pubblico e la sicurezza delle persone, l'au-

torità si limiterà a questi mezzi, poiché essi sono meglio rispondenti alle condizioni concrete del bene comune e sono più conformi alla dignità della persona umana.

Il n. 2266 afferma semplicemente il fatto che l'insegnamento tradizionale della Chiesa ha riconosciuto la legittimità della pena di morte in casi di estrema gravità, mettendola in connessione, per analogia, all'uso delle armi per respingere un'aggressione bellica. Nello stesso tempo nel n. 2267 si riconosce che la pena di morte non è pienamente conforme alla dignità della persona umana.

Nell'edizione del 1997 invece:

2266. Corrisponde ad un'esigenza di tutela del bene comune lo sforzo dello Stato inteso a contenere il diffondersi di comportamenti lesivi dei diritti dell'uomo e delle regole fondamentali della convivenza civile. La legittima autorità pubblica ha il diritto ed il dovere di infliggere pene proporzionate alla gravità del delitto. La pena ha innanzi tutto lo scopo di riparare il disordine introdotto dalla colpa. Quando è volontariamente accettata dal colpevole, essa assume valore di espiazione. La pena poi, oltre che a difendere l'ordine pubblico e a tutelare la sicurezza delle persone, mira ad uno scopo medicinale: nella misura del possibile, essa deve contribuire alla correzione del colpevole.

2267 L'insegnamento tradizionale della Chiesa non esclude, supposto il pieno accertamento dell'identità e della responsabilità del colpevole, il ricorso alla pena di morte, quando questa fosse l'unica via praticabile per difendere efficacemente dall'aggressore ingiusto la vita di esseri umani. Se invece i mezzi incruenti sono sufficienti per difendere dall'aggressore e per proteggere la sicurezza delle persone, l'autorità si limiterà a questi mezzi, poiché essi sono meglio rispondenti alle condizioni concrete del bene comune e sono più conformi alla dignità della persona umana.
Oggi, infatti, a seguito delle possibilità di cui lo Stato dispone per reprimere efficacemente il crimine rendendo inoffensivo colui che l'ha commesso, senza toglierli definitivamente la possibilità di redimersi, i casi di assoluta necessità di soppressione del reo «sono ormai molto rari, se non addirittura praticamente inesistenti».[9]

Nell'*editio typica* del *Catechismo*, che è quella *typica*, innanzitutto scompare l'analogia tra la pena di morte e l'uso delle armi per difendersi da un'aggressione bellica. Infatti l'accostamento è senza fondamento, trattandosi di due cose di natura completamente diversa, tra le quali non si può stabilire alcuna analogia. Per questo il riferimento alla legittimità dell'uso delle armi passa al n. 2265, che è di carattere generale sul diritto-do-

---

[9] Nella nota n. 42 si rimanda all'Enciclica *Evangelium vitae*, n. 56.

vere della legittima difesa. Più chiaramente in questa edizione viene esposto il duplice carattere espiatorio e medicinale della pena, che deve tendere alla correzione del colpevole, affinché, se possibile, possa reinserirsi positivamente nella società. Infatti la pena dovrebbe essere concepita e espiata in modo tale che il reo assimili quei valori di cui la legge da lui violata era portatrice e che lui al momento del delitto non ha riconosciuti. Nel richiamare il fatto che l'insegnamento tradizionale della Chiesa non ha escluso la pena di morte, rispetto all'edizione del 1992, l'*editio typica* fa due precisazioni: «il pieno accertamento dell'identità e della responsabilità del colpevole», e – affermazione di grande importanza – «quando questa – la pena di morte – fosse l'unica via praticabile per difendere efficacemente dall'aggressore ingiusto la vita di esseri umani». Infatti, come già affermava l'edizione del 1992, «i mezzi incruenti [...] sono meglio rispondenti alle condizioni concrete del bene comune e sono più conformi alla dignità della persona umana». Dopo di questo, nel terzo capoverso, viene ripreso quanto detto nel n. 56 dell'Enciclica *Evangelium vitae*, ma aggiungendo che lo Stato non deve togliere al reo la possibilità di redimersi, scopo primario della pena, se non nel caso di «assoluta necessità» di sopprimerlo. Tali casi, tuttavia, sono visti come «ormai molto rari, se non addirittura praticamente inesistenti». Lo stesso Giovanni Paolo II nel Messaggio per la giornata mondiale della pace del 2001, l'8 dicembre 2000, diceva che «il ricorso alla pena di morte è assolutamente non necessario».[10]

Non possiamo dire che ci sia né da parte di Giovanni Paolo II né da parte del *Catechismo della Chiesa Cattolica* un'esplicita condanna della pena di morte, ma non si può negare che c'è una chiara presa di posizione contro di essa. Inoltre, l'ammissione della possibilità dell'applicazione si presenta più a livello teorico che pratico, in quanto l'assoluta necessità di sopprimere il reo, come unica via praticabile per difendere la vita di esseri umani, oggi, per le più adeguate istituzioni penali, rimane praticamente inesistente.

Infine, è da notare che sia in ambedue le edizioni del *Catechismo della Chiesa Cattolica* sia nell'Enciclica di Giovanni Paolo II i mezzi incruenti sono considerati meglio rispondenti al bene comune e alla dignità della persona umana.

Rimane ambigua la collocazione della trattazione della pena di morte sotto il titolo della legittima difesa. Infatti, nell'applicazione della pena di morte, non c'è l'immediatezza della reazione all'aggressione, ma la premeditazione della soppressione del reo, direttamente voluta, quindi si configura piuttosto come richiesta di vendetta che non come esigenza di giusti-

---

[10] *AAS* 93 (2001) 244.

zia, contrariamente a ciò che si può rilevare dal n. 9 dell'Enciclica di Giovanni Paolo II. Nella legittima difesa, come abbiamo visto, non si vuole la soppressione dell'aggressore, ma liberarsi dall'aggressione. Se questo, che è ciò che direttamente si vuole, attraverso una reazione proporzionata comporta la morte dell'aggressore, questa è un effetto secondo della legittima difesa, non immediatamente voluto. La pena di morte, allora, si presenta come una risposta sproporzionata all'aggressione.

Il *Compendio della dottrina sociale della Chiesa*, pubblicato dal Pontificio Consiglio della giustizia e della pace,[11] nel n. 405, dopo aver sintetizzato l'insegnamento di Giovanni Paolo II e del *Catechismo della Chiesa Cattolica*, conclude dicendo:

> La crescente avversione dell'opinione pubblica alla pena di morte e i vari provvedimenti in vista della sua abolizione, ovvero della sospensione della sua applicazione, costituiscono visibili manifestazioni di una maggiore sensibilità morale.[12]

La questione della pena di morte si pone in relazione alla dignità della singola persona umana e al bene comune. Innanzitutto è da vedere dove si fonda la dignità dell'uomo, quindi qual è il rapporto tra il bene del singolo e il bene comune di una società. È implicata anche la questione della natura del diritto come fenomeno umano e il rapporto tra il diritto divino e il diritto naturale.

Dignità dell'uomo e suo diritto primario all'esistenza

Nella tradizione filosofica greco-romana, espressa da Boezio[13] e raccolta da S. Tommaso,[14] l'uomo viene definito come «animal rationale», in

---

[11] Città del Vaticano, 2004.

[12] Il Card. Renato Martino, attuale Presidente del Pontificio Consiglio della giustizia e della pace, in un'intervista apparsa su l'*Avvenire* il 4 novembre 1999, rilasciata a New York, in occasione della proposta all'Assemblea Generale dell'ONU di moratoria delle esecuzioni capitali in tutto il mondo, così si esprimeva: «la sensibilità e la percezione nel campo dei diritti umani si evolve. Nel passato alcuni uomini di Chiesa avevano favorito la pena di morte, perché si preoccupavano soprattutto della difesa della società. Oggi la società possiede strumenti per garantire che un criminale non torni a nuocere, e quindi la percezione culturale del problema è mutata». Attualmente i paesi che hanno abolito la pena di morte in assoluto sono 89; quelli che l'hanno abolita per crimini ordinari, mantenendola solo per crimini di guerra, sono 10; quelli che si possono considerare averla abolita di fatto, in quanto non eseguono pene capitali da almeno 10 anni, sono 37; quelli che attuano una moratoria delle esecuzioni sono 3; infine, quelli che la mantengono sono 54 (cf. NESSUNO TOCCHI CAINO, *La pena di morte nel mondo. Rapporto 2006* [a cura di E. ZAMPARUTTI], Venezia, 2006).

[13] Cf. *Liber de persona et duabus naturis*, III (PL 64, 1343).

[14] Cf. *Somma Teologica* I, q. 21, a. 1

quanto considerato simile agli animali nel suo genere, ma diverso nella specie. Tale definizione è estremamente riduttiva. Nella Scrittura, invece, l'uomo è considerato come vivente al cospetto di Dio. Qui si trova la massima dignità dell'uomo, il quale è l'unica creatura che dialoga con Dio. Egli è l'apice della creazione e autore, insieme a Dio, della sua storia, che è storia della salvezza.[15]

L'uomo viene definito in relazione a Dio e non alla realtà creata, in quanto è creato ad immagine e somiglianza di Dio (Gen1:26): «l'uomo, ogni uomo, è stato creato per esistere in relazione con Dio».[16] Da una parte è affermata la massima dignità dell'uomo – è ad immagine di Dio –, dall'altra è stabilito anche il limite di questa dignità – è immagine di Dio, ma solo secondo la sua somiglianza.[17] La realtà dell'immagine ci dice che c'è un'immagine originante, Dio, e un'immagine originata, l'uomo: il rapporto è nell'ordine della somiglianza e della diversità, implicita nella stessa somiglianza. Il rapporto, infatti, si pone sulla base dell'*analogia entis*: il concetto di essere si applica sia al Creatore che alla creatura e la somiglianza con Dio si ha solo se si conserva l'unità dell'essere, Dio, e la molteplicità degli enti, le creature.[18] Per questo l'uomo presiede, certo, alla creazione, e ne deve avere cura, ma non è messo al posto di Dio, in quanto è suo luogotenente e rappresentante: è segno della sovranità di Dio nella creazione, ma non è Dio stesso.[19]

La relazione dell'uomo con Dio definisce la sua relazione con tutta la realtà creata (Gen 1:28; 2:15) e quindi con i suoi simili (Gen1:26b,27; 2:18-23). L'uomo non è il signore assoluto della creazione e non può usarla indipendentemente da Dio. La polvere della terra da cui è tratto (Gen 2:7) e la proibizione originaria di mangiare dei frutti dell'albero del bene e del male (Gen 2:16) riconducono l'uomo entro i limiti stabiliti da Dio: la prima richiama all'uomo la sua origine, mentre la seconda vuole prevenirlo dalla sua stessa stoltezza, che consiste nello sforzo di farsi simile a Dio (Gen 2:17; 3:22). La proibizione di mangiare dei frutti dell'albero del bene e del male fa appello alla libertà dell'uomo, quindi crea le condizioni per una sua risposta responsabile: l'uomo non è un esecutore

---

[15] Cf. A. FANULLI, «L'uomo e il suo habitat» in G. DE GENNARO (ed.), *L'antropologia biblica*, Napoli, 1981, 87-89.

[16] L. LADARIA, *Introduzione alla antropologia teologica*, Casale Monferrato, 1992, 55.

[17] Cf. GIOVANNI PAOLO II, Lettera apostolica *Mulieris dignitatem*, 15 ag. 1988, n. 8 (anche 9), in AAS 80 (1988) 1653-1729.

[18] Cf. M. VISIOLI, *Il diritto della Chiesa e le sue tensioni alla luce di un'antropologia teologica*, Roma, 1999, 208-213.

[19] Cf. J. A. SOGGIN, «Alcuni testi chiave per l'antropologia dell'Antico Testamento» in G. DE GENNARO (ed.), *L'antropologia biblica*, Napoli 1981, 51-52; A. FANULLI, «L'uomo e il suo habitat», 88-89; L. LADARIA, *Introduzione alla antropologia teologica*, 48, 55.

meccanico di un ordine della natura, ma è responsabile della sua stessa realizzazione.[20]

L'uomo ha la dignità di creatura fatta ad immagine e somiglianza di Dio dal fatto stesso che esiste. Per questo solo l'uomo, tra tutte le creature, può essere in comunione con Dio. Tale facoltà è costitutiva del suo stesso essere, quindi fa parte della sua stessa struttura ontologica. L'uomo è persona, cioè ente spirituale in relazione agli altri, tendente alla sua perfezione nel dono di sé, per il fatto che è *imago Trinitatis*, attraverso il suo essere a immagine di Cristo, che, a sua volta, è immagine del Dio invisibile (Col 1:15; 3:10; Rm 8:29), impronta della sua sostanza (Eb1:3) e primogenito di coloro che risuscitano dai morti (Col 1:18).

Da questa grande dignità viene la sacralità di ogni vita umana. Soltanto l'uomo, e ogni uomo senza eccezione, ha un diritto fondamentale assoluto alla vita, all'esistenza. L'assolutezza di questo diritto è definita, però, in rapporto a Dio: l'uomo è qui in terra l'unica creatura che Dio ha voluto per se stessa.[21]

Proprio perché questo diritto assume un carattere di assolutezza, in relazione a Dio, che è il Creatore dell'uomo e il Signore della sua vita, nessuno può ledere questo diritto (Gen 9:3-6), neppure in caso di grave colpa, come nel peccato di Caino, sulla cui fronte Dio mette un segno per proteggerlo da chiunque lo volesse uccidere: chi ucciderà Caino subirà la vendetta di Dio sette volte (Gen 4:14-15). Dio perdona Caino e gli dona una discendenza (Gen 4:17). Proprio perché l'uomo è *imago Trinitatis*, l'altro da sé è parte costitutiva dell'io: non ci si può non fare carico dell'altro, anche fosse Caino.[22] Il fatto che Caino non abbia voluto farsi carico del fratello (Gen 4:9) non legittima alcun altro a non farsi carico di lui (Gen 4:15). La convivenza umana non può basarsi sulla giustizia vendicativa.

Il diritto all'esistenza è un diritto primordiale, la cui lesione va contro la proibizione originaria di Dio e contro la sovranità assoluta di Dio nella sua creazione, in quanto Dio stesso, dando tale alta dignità all'uomo creandolo a sua immagine e somiglianza, ha stabilito anche la prima struttura fondamentale della convivenza. Il fondamento ontologico della socialità umana si trova nel fatto che l'altro è parte integrante dell'io.[23] La lesione di

---

[20] Cf. J. A. SOGGIN, «Alcuni testi chiave per l'antropologia dell'Antico Testamento», 57-58.

[21] Cf. *Gaudium et spes*, 24d, testo ripreso varie volte Giovanni Paolo II nella sua Lettera apostolica *Mulieris dignitatem*.

[22] Cf. Enciclica *Evangelium vitae*, n. 40.

[23] Benedetto XVI nella sua Enciclica *Deus caritas est* del 25 dic. 2005, al n.11 dice: «Nel racconto biblico non si parla di punizione; l'idea però che l'uomo sia in qualche modo incompleto, costituzionalmente in cammino per trovare nell'altro la parte integrante per la sua interezza, l'idea cioè che egli solo nella comunione con l'altro sesso possa diventare "completo", è senz'altro presente» (*AAS* 98, 2006, 217-252). Il Papa si riferisce al testo della creazione della donna (Gn 2:23).

questo diritto fondamentale all'esistenza è contro quell'ordine intrinseco che Dio stesso ha posto nelle cose, è contro quello che chiamiamo diritto naturale. Considerata sotto questa prospettiva, la pena di morte appare come un abuso della potestà umana contro il diritto naturale. Mai l'uomo, dal primo momento del concepimento fino alla morte naturale, perde la sua dignità, neppure nel caso in cui si macchi di un delitto gravissimo. Mai l'uomo perde il diritto all'esistenza, perché gliel'ha conferito Dio.

Seth, figlio di Adamo, è ad immagine e somiglianza di Dio, perché, come figlio, è a immagine e somiglianza di Adamo (Gen 5:1-3),[24] quindi nel fatto stesso che l'uomo è uomo, prima di ogni suo comportamento morale, si trova la radice della sua dignità e di tutte le sue possibilità, fino a quella massima per cui il Verbo ha assunto una vera natura umana, così che la natura umana entrasse nella sfera divina e ogni uomo ricevesse il potere di diventare figlio di Dio (Gv 1:12), ritrovando e recuperando in Cristo quella immagine e somiglianza con Dio che il peccato di Adamo ha ferito e ogni peccato attuale offusca.

Qui incontriamo ancora più profondamente la radice del diritto primario e fondamentale all'esistenza di ogni uomo, senza eccezione, e la radice dei diritti umani soggettivi[25] dipendenti da tale diritto primario e fondamentale, nonché la radice dei doveri morali in relazione a tali diritti. Tali diritti e doveri vengono pienamente attuati e determinati nella nuova umanità restaurata in Cristo.

Gesù esalta la dignità dell'uomo perché lo considera in relazione a Dio Creatore e quindi come centro della creazione, come l'essere amato da Dio al di sopra di tutto (Mt 6:25-30; 10:29-31). L'uomo porta in se stesso il suo valore, perché vale per quello che è e non per quello che possiede o realizza. Di qui viene l'esaltazione dei piccoli (Mt 18:10-14).[26] Poiché l'uomo vale per se stesso, ha una sua identità autonoma. E' la sola creatura che Dio vuole per se stessa e non in funzione di altro, come le cose, che sono in funzione dell'uomo.

La creazione dell'uomo è l'attuazione del progetto di Dio sull'uomo e quindi preludio della storia della salvezza, proprio perché l'uomo è a immagine di Cristo, primogenito di ogni creatura e immagine del Dio invisibile; dall'inizio tutto è stato fatto per mezzo di lui, per lui e verso di lui (Col

---

[24] Cf. N.M. Loss, «La dottrina antropologica di Genesi 1-11» in G. DE GENNARO (a cura di), *L'antropologia biblica*, 1981, 179-180; L. LADARIA, *Introduzione alla antropologia teologica*, 55-56.

[25] Qui parlo di diritti soggettivi non nel senso positivistico di una loro attribuzione da parte dell'ordinamento giuridico perché possano essere azionati da un soggetto davanti ad un tribunale, ma nel senso di diritti inerenti per natura al soggetto, che l'ordinamento giuridico deve riconoscere e oggettivare nella loro tutela.

[26] Cf. L. DI PINTO, «L'uomo visto da Gesù di Nazaret» in G. DE GENNARO (a cura di), *L'antropologia biblica*, 663-669.

1:15-18).²⁷ Nella questione circa la liceità di pagare il tributo a Cesare, questo appartiene a Cesare perché sulla moneta c'è l'immagine di Cesare; invece l'uomo è di Dio, in quanto in lui è impressa l'immagine di Dio e nel suo cuore è impressa la legge del nuovo patto. Per questa ragione, nessuno, neppure una suprema autorità umana può rivendicare la proprietà su un uomo (Mt 22:15-22). In questo modo Gesù sottrae l'uomo, in virtù del riconoscimento della sua dignità incommensurabile, ad ogni tipo di dispotismo e possesso umano.²⁸ Infliggendo la pena di morte, l'autorità umana spinge il suo potere fino a determinare che un uomo non ha più il diritto di esistere, diritto che, invece, gli è stato dato da Dio nel crearlo. In questo si manifesta l'abuso di potere dell'autorità umana, che si pone al posto di Dio.²⁹

Il peccato come disgregazione dell'uomo e della società: restaurazione in Cristo

Il peccato è all'origine di ogni male per l'uomo, sia sul piano personale che sociale. La creazione come atto libero di Dio pone l'uomo nel mistero della sua similitudine con Dio, nella quale si radicano la dignità e la libertà umana e da cui procede l'*ethos* umano; il peccato, come atto libero dell'uomo ci mette di fronte al mistero della dissomiglianza dell'uomo da Dio. Il mistero dell'uomo si manifesta nel fatto che la stessa dissomiglianza da Dio nel peccato, postula la somiglianza con Dio nel campo della libertà, per cui la somiglianza non è mai totalmente distrutta, ma solo oscurata, ferita.³⁰

Il peccato, come dissomiglianza da Dio, è elemento della disgregazione dell'uomo, quindi della socialità umana e delle strutture che la regolano.

Il peccato originale ha conseguenze sul piano della convivenza sociale. L'uomo e la donna con esso hanno escluso Dio non solo dalla loro vita individuale propria, ma anche dalla vita dell'altro, in quanto il peccato si configura come il tentativo dell'uomo di mettersi al posto di Dio per l'altro. Dato che è Dio il fondamento della comunione tra gli uomini, la sua esclusione dalla loro vita comporta una rottura della comunione tra loro.

---

²⁷ Cf. L. LADARIA, *Introduzione alla antropologia teologica*, 40-43; 56-57.
²⁸ Cf. L. DI PINTO, «L'uomo visto da Gesù di Nazaret», 671-674.
²⁹ Giovanni Paolo II nell'Enciclica *Evangelium vitae*, al n. 40, riportato più sopra, afferma l'inviolabilità della vita, come realtà che non appartiene all'uomo, perché proprietà e dono di Dio Creatore e Padre.
³⁰ Cf. Lettera apostolica *Mulieris dignitatem*, 9. H.U. Von Balthasar parla di un teodramma proprio in questa tensione tra la libertà increata e la libertà creata; dramma che arriva all'apice in Cristo, ma in lui trova composizione nel suo 'sì' dato liberamente (cf. M. VISIOLI, *Il diritto della Chiesa*, 231-273).

Prima del peccato Adamo ed Eva sono in piena comunione tra loro e nelle loro mutue relazioni si fidano l'uno dell'altro (erano nudi e non arrossivano: Gen 1:25); dopo il peccato, in quanto hanno rotto la comunione con Dio, non possono essere in comunione tra loro e quindi nelle loro relazioni non si possono fidare l'uno dell'altro (provano pudore l'uno di fronte all'altro: Gen 3:7). Ora l'uno si deve difendere dall'altro.[31]

La donna, che doveva essere l'aiuto degno dell'uomo, in piena parità con lui, diventa la sua corruttrice (Gen 3:6), mentre l'uomo diventa l'accusatore della donna (Gen 3:12) e il suo dominatore (Gen 3:16). La condanna della donna a soggiacere all'uomo (Gen 3:16) mostra che il peccato ha corrotto radicalmente ogni relazione umana e tutte le strutture della convivenza. Il peccato porta con sé la violenza e la soggezione d'un uomo all'altro. Come il primo coniugio precedentemente al peccato è esempio e segno di unità per tutta l'umanità secondo il progetto originario di Dio,[32] così, dopo il peccato, è segno di tutta l'umanità decaduta, che, senza la comunione con Dio, non è più capace di instaurare la comunione tra gli uomini, secondo le strutture di convivenza che Dio stesso ha stabilito nella creazione.[33]

Il peccato costituisce una ferita metafisica in tutta la creazione e particolarmente nella natura umana; infatti, la prima esperienza di morte è a causa di un fratricidio (Gen 4:3-16). Perché la convivenza umana sia possibile, Dio dà la legge prima e fondamentale, che protegge la convivenza umana, quella di non spargere il sangue dell'uomo (Gen 9:4-6),[34] neanche del colpevole, in quanto Dio, come abbiamo visto, protegge Caino da chiunque lo voglia uccidere (Gen 4:15). Dio stesso spezza la catena di violenza che lo spirito di vendetta crea senza mai arrestarsi, distruggendo sempre più la convivenza umana.

Gli stessi elementi fondamentali li ritroviamo nella ribellione di Babele (Gen 11:1-9). Essa è ribellione contro il Creatore, che stabilisce le strutture della convivenza umana. Tale esclusione di Dio e delle sue leggi dalla vita sociale comporta necessariamente una rottura dell'unità del genere umano e l'impossibilità di attuare la comunione tra gli uomini, significate dalla confusione delle lingue.[35]

Solo Dio con una sua iniziativa gratuita può costituire di nuovo la comunione tra gli uomini e restaurare le strutture della convivenza umana

---

[31] Cf. A. ADINOLFI, «L'uomo e la donna in Gen. 1-3» in G. DE GENNARO (a cura di), *L'antropologia biblica*, 125.

[32] Cf. A. FANULLI, «L'uomo e il suo habitat», 90-91; Lettera *Mulieris dignitatem*, 7.

[33] Cf. Lettera *Mulieris dignitatem*, 10.

[34] Cf. N. M. LOSS, «La dottrina antropologica di Genesi 1-11», 178-179; L. LADARIA, *Introduzione alla antropologia teologica*, 40-43..

[35] Cf. N. M. LOSS., «La dottrina antropologica di Genesi 1-11», 195.

secondo il suo progetto originario. Dio, per mezzo dell'Alleanza, chiama Abramo a stabilire un rapporto di comunione con lui, ed Abramo, per mezzo della circoncisione, mette i suoi figli in uno stato di comunione con Dio (Gen 17:9-16).

Dio, per mezzo dell'antica Alleanza, costituisce un suo popolo, che è segno della comunione degli uomini con Dio e tra loro. Per mezzo della Legge Mosè stabilisce delle norme che regolano questa duplice comunione. Cristo, infine, raduna il nuovo popolo con la nuova ed eterna Alleanza, sulla base della nuova legge dell'amore, che è delineata nel Discorso della Montagna ed è pienamente manifestata nella sua morte e resurrezione. Con l'obbedienza a questa legge della nuova Alleanza – legge dell'amore, legge dello Spirito – per opera della grazia, in Cristo l'uomo usa la sua libertà nella dimensione della somiglianza con Dio e può vincere il peccato e instaurare una convivenza veramente umana.

Secondo la volontà di Dio creatore l'uomo doveva essere insieme a lui autore della storia, ma secondo le strutture di comunione stabilite da Dio stesso nella natura umana. A causa del suo peccato l'uomo diventa incapace di attuare questo progetto originario di Dio, anzi, distrugge la convivenza umana.

Tuttavia nell'uomo rimane la capacità di ricevere la restaurazione della sua natura da parte di Dio e quindi di entrare in comunione con Dio e gli uomini, in quanto il peccato è una ferita che non distrugge questa capacità. La natura dell'uomo è ferita, ma non distrutta; l'uomo resta persona, immagine somigliante di Dio, persona libera, non deterministicamente volta al male. L'antica Alleanza e la Legge, la redenzione di Cristo, la nuova Alleanza e la nuova Legge dell'amore, si inseriscono in questa capacità dell'uomo. L'opera della salvezza di Dio restituisce l'uomo a se stesso, dall'interno, in continuità con il progetto originario della creazione. Il contenuto delle leggi positive umane deve rispecchiare la reintegrazione dell'uomo e la vittoria sul peccato, in quanto la legge dev'essere un sostegno affinché la sfiducia e le divisioni tra gli uomini siano vinte e sia attuata la possibilità della convivenza umana, sulla base del rispetto della dignità di ogni uomo e dei suoi diritti inalienabili. La pena di morte, che spezza la vita al reo, è un atto di mancanza di speranza teologale nella possibilità della sua conversione, come se si ritenesse che il reo abbia perso la capacità di ricevere la grazia che reintegra in lui l'immagine di Dio che ha deturpato col suo delitto.

Gesù ha una visione realista dell'uomo, non pessimista. Vede l'uomo nella sua condizione di peccatore (Lc 15:11-32; 13:1-5), cattivo (Mt 7:9-11), morto (Lc 15:24,32; Mt 8:21-22), debole e malato (Mt 26:41), asservito alla cupidigia (Mt 6:24,25-34; 5:22-26; 18:23-34; 20:1-16; Lc 15:25-32), ma non solo in questa prospettiva negativa, in quanto l'uomo bisognoso di salvezza è creato ad immagine somigliante di Dio, che il peccato non ha pienamente distrutto.³⁶ Gesù restituisce all'uomo la sua immagine originaria, in quanto l'avvento del Regno di Dio è la piena manifestazione del regno dell'uomo, cioè la piena e radicale liberazione di tutte le possibilità dell'uomo, secondo l'originario progetto di Dio Creatore, fino a quella di diventare figlio nel Figlio, nella piena attuazione della sua libertà.

Gesù, infatti, spinge l'uomo alla decisione attuale per l'instaurazione del Regno di Dio nella storia, come anticipazione del Regno escatologico. Mentre nella Genesi l'uomo è posto nella condizione di una libera risposta responsabile attraverso una proibizione, Gesù lo pone nella condizione di una libera risposta responsabile attraverso la proposta positiva della radicalità del Discorso della Montagna. Con la liberazione dalla schiavitù del peccato da parte di Cristo, l'uomo è restituito a se stesso, e quindi agli altri, perché è restituito a Dio. L'uomo ritrova la sua dignità, la sua libertà e i suoi diritti. Gesù restituisce la possibilità per ogni uomo, anche qualora commetta un efferato delitto, di instaurare nuove relazioni, giuste, con gli altri uomini. Con la restaurazione dell'immagine di Dio nell'uomo, vengono restaurate anche le strutture fondamentali della convivenza sociale e l'uomo, sanato da Cristo, può di nuovo stabilire la comunione con i suoi fratelli.³⁷

Rapporto tra natura, persona e diritto

Abbiamo visto che l'uomo è per natura sua persona, in quanto è creato a immagine e somiglianza di Dio. Quindi l'uomo è un ente in relazione. Poiché è persona, l'uomo è un essere sociale. L'uomo si realizza sempre più secondo la sua natura proprio nel dono di sé, che si attua nelle relazioni di comunione con Dio e gli altri suoi simili. Tuttavia, l'uomo, proprio perché è persona, è libero e quindi può usare la sua libertà anche contro la sua stessa realizzazione, attuando delle relazioni non di comunione, ma di oppressione e di non rispetto e promozione dell'altro nella sua dignità personale.

A questo punto entra in gioco la funzione della legge positiva come regolatrice delle relazioni umane per rendere possibile una convivenza pacifica, nella tutela del bene comune e dei diritti di ciascuno. La legge, come abbiamo detto, deve manifestare la reintegrazione dell'uomo e la vittoria sul peccato, ma dobbiamo aggiungere anche che la legge cerca di preveni-

---

[36] Cf. L. DI PINTO, «L'uomo visto da Gesù di Nazaret», 649-677.
[37] In modo simbolico Gesù mostra questo nell'episodio dell'indemoniato geraseno (Mc 5:1-17): questi vive tra i sepolcri, separato dagli altri, poi, liberato da Gesù, lo vedono seduto, vestito e sano di mente; in una parola padrone di se stesso. Gesù gli comanda, poi, di andare alla sua casa e annunciare la misericordia che gli è stata usata, quindi di reintegrarsi nella convivenza sociale (cf. L. DI PINTO, *L'uomo visto da Gesù di Nazaret*, 686-690).

re, prevedendoli e regolandoli, tutti quegli atti che provengono dalla peccaminosità che rimane nell'uomo, anche dopo la redenzione.

Per il fatto stesso di esistere, l'uomo è titolare del diritto primario intangibile e inalienabile all'esistenza, che dev'essere rispettato da tutti, anche dall'autorità pubblica, in quanto datogli da Dio creatore e redentore. Alla relazione tra i soggetti è intrinseco ciò che può essere legittimamente preteso, lo *ius*, e ciò che dev'essere necessariamente rispettato, il *debitum*. Allora, la connessione tra lo *ius* e il *debitum* è intrinseca alla relazione stessa che si stabilisce tra soggetti e ci dà il 'giuridico', cioè quel rapporto di giustizia che si deve realizzare e che precede ogni determinazione della legge positiva. Il diritto, inteso come lo *ius-debitum*, è così una realtà ontologica, inerente alla stessa natura relazionale dell'uomo. La legge positiva deve esprimere e regolare il 'giuridico', lo *ius-debitum*, intrinseco ad ogni tipo di relazione che le persone stabiliscono tra di loro.[38]

La problematica che sorge è quella del rapporto tra natura e persona, tra natura e storia, e tra natura e grazia.

Un ordinamento giuridico è un sistema logico in se stesso coerente, composto dalle relazioni intersoggettive regolate da un complesso di norme positive, che si fondano su alcuni principi o valori fondamentali. Tuttavia è un sistema che si evolve, per mezzo dell'attività legislativa, sotto la spinta dell'evoluzione storica della società, che cambia progressivamente la coscienza che ha di se stessa. Tale autocoscienza della società viene espressa dalle leggi che essa si dà.

La funzione propria dell'ordinamento giuridico è quella di proteggere la dignità della persona umana e, insieme, procurare il bene comune.

Poiché varie sono le definizioni della dignità umana e della persona umana, il minimo che si richiede perché sia possibile una convivenza è che tutti in modo preconcettuale percepiscano che la dignità della persona umana dev'essere tutelata. Da tale comprensione preconcettuale o prescientifica, il diritto in se stesso, nel senso sopra esposto, come realtà ontologica immanente all'uomo come tale, è percepito come la regola del complesso delle relazioni sociali. Nello stesso tempo il diritto positivo, come complesso di leggi positive, fondandosi sulla consapevolezza preconcettuale della necessità della protezione della dignità della persona umana, deve assicurare al singolo la tutela nell'ambito pubblico della sua fondamentale dignità, quindi dei suoi diritti soggettivi, nei confronti di ogni tipo di violazione. Questo vale in modo particolare riguardo al diritto all'esistenza, e all'esistenza di qualsiasi uomo, al di là di qualsiasi suo comportamento morale, in quanto lui ne è titolare per il fatto stesso che esiste,

---

[38] Per un approfondimento delle radici del diritto nella natura relazionale dell'uomo, cf. T. GAŁKOWSKI, *Il "quid ius" nella realtà umana e nella Chiesa*, Roma, 1996, 187-234.

a prescindere e prima di ogni sua decisione morale; diritto che per questo è in modo primario e imprescindibile alla base della possibilità stessa della convivenza umana. È un diritto-limite: al di là di questo non si può andare, se si vuole tutelare una convivenza che sia umana e non prodotto della forza e del potere. Per questo lo stesso concetto di diritto come realtà ontologica, scaturente dalla natura stessa dell'uomo, è un concetto limite. Se non lo si ammette, la società cade in balia della violenza del potere.

Tuttavia, solo nell'ambito teologico, come abbiamo visto, si può dare una definizione completa della persona umana e della sua dignità, nonché dei diritti e doveri che ne scaturiscono. Questo perché tale definizione è data in relazione al fatto che l'uomo è immagine di Dio che è persona.[39] Solo la visione biblico-cristiana dell'uomo può dare ragione pienamente del perché la persona costituisca il vero fondamento dell'ordine giuridico.

Qui si pone il fondamento antropologico e morale del diritto. Il diritto positivo o oggettivo si può definire come il complesso delle norme positive, che tutela i diritti soggettivi della persona umana, tra i quali primario, come abbiamo visto, è quello all'esistenza e ad un'esistenza degna dell'uomo. In rapporto a questo, la funzione del diritto positivo è quella di rappresentare oggettivamente quali sono le esigenze fondamentali della persona umana, le quali scaturiscono da tale diritto primario, che la persona, per la dignità che ha ricevuto dal Creatore, sempre ha e conserva, anche se non ha la capacità di attuarsi autonomamente. Quando tale diritto non è tutelato dall'autorità pubblica, la convivenza si fa impossibile, in quanto non più basata sulla giustizia, ma sulla violenza. Atti di particolare violenza sono l'aborto e l'eutanasia. Anche la pena di morte appare come una violazione di tale diritto primario da parte dell'autorità pubblica, che viene a minacciare lo stesso equilibrio della convivenza umana, in quanto immette un elemento che è contrario alla condizione di possibilità di questa, la vendetta, come sottintende Giovanni Paolo II nel n. 9 dell'Enciclica *Evangelium vitae*.

Si deve distinguere tra l'obbligazione interna, procedente direttamente da Dio, che tocca immediatamente la coscienza personale e ci dà l'ordine morale, e la legislazione esterna, prodotta dall'uomo, che ci dà l'ordine giuridico; tuttavia i due ordini non si possono e non si debbono separare, altrimenti il diritto positivo si ridurrebbe solo al comando esteriore dell'autorità umana senza alcun rapporto con l'ordine morale, e quindi con la giustizia. La conseguenza di ciò sarebbe che l'obbligatorietà del diritto positivo non dipenderebbe dalla giustizia, che per mezzo di esso sarebbe attuata, ma solo dalla forza con la quale sarebbe imposto. In questo caso il diritto non sarebbe oggetto della giustizia.[40]

---

[39] Cf. *Gaudium et spes*, 24c; Lettera *Mulieris dignitatem*, 7.
[40] Cf. S. TOMMASO, *Somma Teologica*, II, q. 57, a. 1.

Il diritto positivo, invece, non può non avere come fondamento quei valori morali, che sono il contenuto di quell'*ethos* iscritto dal Creatore nella natura umana. Tra la realtà del diritto e la morale c'è solo una differenza formale, non sostanziale; tuttavia l'ordine giuridico non ricopre tutta l'estensione dell'ordine morale, in quanto regola solo alcuni comportamenti umani rilevabili esternamente. La morale, invece, ricopre tutto il comportamento umano. L'obbligatorietà del rispetto del diritto all'esistenza si pone innanzitutto nella sfera morale e per questo deve informare tutto l'ordine giuridico.

L'unica autorità che può pienamente oggettivare la coscienza della persona è l'Autore stesso della struttura ontologica della coscienza: Dio Creatore e Salvatore, che ha posto il fondamento di tutto l'*ethos* umano nella sua immagine impressa in noi, che ci ha resi fratelli in Cristo, facendo sì che potessimo porci in relazione agli altri come prossimi. La voce della coscienza è nell'uomo l'interiorizzazione della trascendenza di Dio nell'immanenza della storia umana. Il fatto che la coscienza morale, sostenuta dalla grazia, lungo la storia acquisisce una consapevolezza sempre più grande e completa, quindi anche nuova, delle esigenze che scaturiscono dalla natura dell'uomo, fa sì che essa sottoponga continuamente a giudizio critico le realizzazioni storiche e positive del diritto. Ciò che in determinate epoche sembrava non contraddire il diritto naturale, col raffinarsi della coscienza morale, può essere successivamente acquisito come contrario ad esso, ma non l'inverso.

Poiché alla base dell'esperienza del diritto è l'uomo, il problema della natura del diritto coinvolge quello della natura dell'uomo, e in modo particolare quello del rapporto tra la natura umana, la storia e l'azione della grazia.

Quando consideriamo la natura, dobbiamo costatare una certa tensione tra la natura, intesa come oggettività, e l'uomo, come soggettività, ma anche una tensione tra quella parte del nostro essere, di cui non possiamo disporre, e quella parte del nostro essere, di cui, invece, possiamo disporre.

Ma se per natura in generale si intende ciò che è, ciò che comprende tutti gli enti, un primo polo di comprensione dell'uomo dev'essere in relazione alla natura, in quanto lui la porta in se stesso ed esiste in essa.

La natura di un ente, quindi, con riferimento al fine, dev'essere intesa come la capacità intrinseca dell'ente di operare in un modo determinato. La natura dell'uomo, l'abbiamo visto, è la capacità intrinseca di entrare in relazione con l'altro, per il fatto stesso che è creato a immagine e somiglianza di Dio. Sotto questo aspetto la natura è normativa per l'uomo, in quanto ogni ente tende alla sua realizzazione secondo la sua intrinseca *ratio essendi*.

Per questo la comprensione della natura e, di conseguenza, del diritto, non si può avere solo per mezzo dell'acquisizione di dati empirici, ma per mezzo di una riflessione che cerchi di spiegare una comprensione preconcettuale della natura stessa. La piena comprensione della natura si ha unicamente nella riflessione teologica, basata sulla rivelazione cristiana e sostenuta dalla fede, che sola ci dice che cosa è l'uomo e il mondo.

La natura dell'uomo è la realtà nella quale l'uomo si trova per il fatto stesso di venire al mondo, prima di ogni sua decisione. Per essa tende alla sua realizzazione secondo il suo fine, secondo la sua intrinseca *ratio essendi*. Si tratta, allora, di una realtà da intendersi come un "essere" e un "dover essere", per la tensione verso il suo realizzarsi

Dal punto di vista teologico, la natura umana indica l'ente che ha la possibilità di essere aperto alla relazione con Dio e con gli altri, in quanto creato a immagine e somiglianza di Dio. Tale possibilità, che è la stessa *ratio essendi* dell'uomo, non può diventare atto se non per opera gratuita di Dio. Grazie alla redenzione è stata reintegrata nell'uomo l'apertura a Dio e agli altri, perduta col peccato. Tuttavia tale apertura coesiste con la concupiscenza che inclina al peccato, quindi al dominio sull'altro, nel non rispetto dei suoi diritti. Quest'apertura a Dio e agli altri, insieme alla concupiscenza, è la realtà nella quale l'uomo si trova nel venire al mondo. Questa coesistenza di apertura a Dio e agli altri e di concupiscenza, come tendenza al peccato, negazione di tale apertura, pone l'essere umano in una tensione esistenziale, ma anche di fronte alla sua libertà responsabile.

L'uomo riflettendo su se stesso si autocomprende, e, sotto l'azione della grazia, tende alla sua realizzazione secondo la sua *ratio essendi*. Qui si pone la verità della libertà umana, che non è un atto arbitrario della volontà, ma è un atto attraverso il quale l'uomo, per azione dello Spirito, riconosce la sua natura, cioè la sua stessa *ratio essendi*, e la accetta come norma del suo essere che si deve attuare attraverso le varie decisioni e operazioni. La *ratio essendi* dell'uomo è la misura del suo essere e agire. In questo modo il diritto naturale è definito come ordine, *ordo existentiae*. Se l'uomo non accetta come norma della sua esistenza e di quella degli altri la sua *ratio essendi* e quella degli altri, distrugge se stesso e gli altri. La pena di morte va contro la natura stessa dell'uomo, in quanto, lo Stato, sopprimendo il reo, rompe deliberatamente la relazione che è costitutiva della persona e della convivenza sociale. Certamente a delitti gravi debbono corrspondere pene gravi, ma con la pena di morte lo Stato non si preoccupa di assolvere al suo compito di recuperare il reo, e non gli offre la possibilità di realizzarsi secondo la sua *ratio essendi*. Inoltre, la pena di morte manifesta che l'organizzazione penale di quello Stato che l'ammette è inadeguata per reprimere efficacemente il crimine senza sopprimere il reo, quindi rivela una sua carenza molto grave.[41]

---

[41] F. Lombardi il 22 aprile del 1992 così si esprimeva nel radiogiornale della Radio Vaticana: «Noi pensiamo che la pena di morte sia un modo primitivo di "farsi giustizia" da parte di

Il fatto che all'inizio l'uomo, per mezzo di Cristo e in vista di lui, sia creato ad immagine e somiglianza di Dio, fa sì che in potenza l'immagine di Dio in lui sia sempre conservata, anche se corrotta dal peccato (Gen 1:26-27; Col 1:13-20; Rm 8:29; 2 Cor 3:18). Tale potenza diventa atto attraverso la risposta personale dell'uomo che come persona si va costruendo storicamente, nell'attuazione – per opera della grazia in lui presente – del compito che gli è assegnato dalla natura: quello di portare a compimento l'immagine di Dio ricevuta in potenza col venire all'esistenza (Col 3:10: Ef 4:22-24). L'uomo, quindi, si attua come persona in un continuo dialogo, tematico o atematico, con Dio, quando stabilisce nell'amore un rapporto di comunione con lui e con gli altri (GS 19a).

Tale dialogo è possibile solo per opera della grazia di Cristo. Il primo germe di esso viene dato nel battesimo, che dona all'uomo la vita nuova dell'amore (Gv 3:9; Rm 6:8; Ef 2:8-10; Tit 3:4-7; 1 Gv 3:9), ma per vie conosciute solo da lui, Dio fa giungere la sua grazia anche a chi senza colpa non ha ricevuto il battesimo e quindi agisce per natura secondo la legge iscritta nel suo cuore (Rm 2:13-15). L'amore realizza ciò che l'uomo è come persona, cioè ente in relazione con gli altri, poiché costituisce la relazione secondo la stessa *ratio essendi* dell'uomo, mentre l'odio e la volontà di dominio, cioè il peccato, distrugge quello che l'uomo deve essere secondo la sua *ratio essendi*.[42] E' l'amore che fa sempre più realizzare l'uomo come persona, cioè fa attuare la natura dell'uomo. Persona è la realtà esistente, cioè l'uomo che si autodetermina sempre più con le sue libere decisioni, quindi la particolarizzazione storica della natura.

C'è una natura umana obiettiva, quella che è data da Dio e da Lui rivelata, fornita di sue strutture proprie, che trascende gli elementi dello spazio e del tempo, ma tale natura è dall'uomo compresa ed attuata storicamente. La natura umana si storicizza nella comprensione e nell'attuazione che l'uomo fa di essa, e così le sue strutture intrinseche, quelle dettate dalla stessa *ratio essendi* dell'uomo, sono comprese storicamente ed espresse per mezzo del diritto positivo. In questo modo il diritto positivo tutela le esigenze fondamentali dell'uomo in quanto uomo, cioè della persona umana.

---

una società. Perché è "fare giustizia" eliminando l'errante, e non sforzandosi in tutti i modi di riportarlo – attraverso una necessaria punizione – a vivere secondo rapporti rinnovati, giusti e dignitosi; oppure non cercando un modo più efficace di prevenire il dilagare della criminalità, con rimedi che vadano maggiormente alla radice delle cause della violenza, con un sistema educativo più efficace ed evitando l'allargarsi dell'emarginazione sociale. La pena di morte è in un certo senso un riconoscimento di incapacità, una rinuncia, da parte della società, a ricostruire la giustizia anche in chi l'ha gravemente ferita. Perciò da un punto di vista umano è una sconfitta».

[42] Cf. *Gaudium et spes* 13; GIOVANNI PAOLO II, Lettera *Mulieris dignitatem*, 9.

Possiamo dire che concettualmente la natura dell'uomo, immagine somigliante di Dio, appare come un'astrazione, mentre è un qualcosa di reale, in quanto storicamente e concretamente vive nelle singole persone umane, alle quali ineriscono i diritti soggettivi naturali.

La persona umana, abbiamo visto, per il fatto stesso di esistere postula una normatività. Poiché l'uomo è persona - ente spirituale in relazione agli altri, che nel dono di se stesso tende sempre più alla sua perfezione, cioè alla realizzazione dell'immagine di Dio - gli spetta in modo assoluto uno '*ius suum*' che si afferma nei confronti degli altri e li obbliga all'osservanza. Primario e fondante la convivenza è il diritto all'esistenza. Qui sono le radici del 'giuridico' (*ius-debitum*), cioè della giuridicità delle relazioni intersoggettive, come quel rapporto di giustizia che si deve attuare, attraverso la risposta alle legittime esigibilità (ciò che è dovuto perché legittimamente preteso). In questo senso il diritto, nella sua essenza, come realtà ontologica inerente alla persona, è oggetto o contenuto della giustizia, mentre il diritto positivo, come complesso di leggi scritte o non scritte (le consuetudini), è la forma concreta e storica della giustizia.

Inoltre, vivendo la singola persona all'interno della comune natura umana, c'è un elemento comune a tutti gli uomini, che è la stessa *ratio essendi* dell'uomo, in base alla quale è interpretata la singolarità della persona umana esistente. La singola persona è la particolarizzazione storica della natura umana. È, se si vuole, la storicizzazione singolare della natura umana.

In rapporto a questo fatto, il diritto positivo è l'espressione della socializzazione storicamente possibile della persona umana. In questo senso, in qualche modo la persona umana viene storicamente espressa per mezzo del diritto positivo, ma è da dire anche che essa trascende sempre tale diritto positivo, per il fatto che non è pienamente socializzabile mediante una regolamentazione legistlativa, sebbene sia per natura un ente in relazione, sociale. Il diritto positivo, infatti, non può andare oltre la regolamentazione delle relazioni umane esternamente verificabili, quindi non può pretendere di regolare la primaria relazione dell'uomo con Dio, che lo costituisce proprio come persona. Il diritto positivo non può mai esprimere e quindi regolare tutte le dimensioni della persona umana.

Il diritto positivo non solo tutela i diritti di ciascuno e quindi protegge la dignità personale, ma procura anche il bene comune. La legge è definita da S. Tommaso come «*Quaedam rationis ordinatio ad bonum comune, ab eo qui curam communitatis habet promulgata*».[43] La legge indica l'inserzione del singolo con la sua dignità e i suoi diritti e doveri, quindi con il suo bene personale, nel bene del tutto. Indica la socializzazione possibile della persona individua.

---

[43] *Somma Teologica*, I-II, q. 90, a. 4, c.

La *Gaudium et spes*, al n. 26a definisce il bene comune come «l'insieme di quelle condizioni della vita sociale che permettono ai gruppi, come ai singoli membri, di raggiungere la propria perfezione più pienamente e più speditamente».

Questa definizione mette in stretta relazione il bene comune e il bene individuale, in quanto il bene comune è la condizione strumentale perché i singoli che formano una società e i gruppi che in essa si trovano, raggiungano la loro perfezione, cioè si realizzino secondo il loro fine. Abbiamo visto che il fine della singola persona è quello di realizzare sempre più in sé l'immagine di Dio, proprio in un rapporto di comunione con Dio e gli altri, quindi nel dono di sé. Questa è la sua *ratio essendi*, che corrisponde alla sua natura.

Dobbiamo distinguere il bene comune interno, inteso in senso antropologico, e il bene comune esterno, inteso in senso giuridico. Si tratta di due dimensioni della stessa realtà, quindi, anche se distinte, strettamente legate tra loro, in quanto una dipende dall'altra. Il bene comune in senso antropologico è il complesso dei beni e dei valori che per se stessi sono attinenti alla persona umana. Proprio perché si tratta di beni e valori appartenenti a ciascuno e a tutti i membri della società, essi sono un bene comune a tutti. Il bene comune in senso giuridico è costituito dai mezzi concreti che la società deve predisporre per il conseguimento della perfezione delle singole persone che la compongono (per es. l'esercizio dell'autorità, le leggi, le istituzioni, ecc.), in quanto proteggono e promuovono tali beni e valori personali. Allora, il perseguimento di questi ultimi ha come effetto il perfezionamento sia della persona, cioè il bene del singolo, sia, nello stesso tempo, della società, cioè il bene comune. La tensione tra bene comune e bene del singolo si produce quando alla base dell'ordinamento giuridico non c'è la persona e quindi il riconoscimento e la tutela della sua dignità e dei suoi diritti personali, tra i quali primario è quello all'esistenza. In una società, invece, in cui la persona umana è considerata la fonte e il fondamento dei valori sia comuni che individuali, tale tensione tra bene comune e bene del singolo è risolta proprio in rapporto a ciò che favorisce il perfezionamento della persona. Il bene comune in senso giuridico, infatti, dipende dal bene comune inteso antropologicamente e a questo è finalizzato. Quando si dice che fine della legge è il bene comune, si deve intendere quest'ultimo nel senso antropologico, come l'insieme di beni e di valori attinenti alla persona umana, in quanto la stessa legge, come elemento del bene comune esterno giuridico, è uno dei mezzi per il raggiungimento del bene comune, interno, inteso in senso antropologico, e quindi del perfezionamento delle singole persone, che formano la società.

Giovanni Paolo II, nel n. 56 dell'Enc. *Evangelium vitae*, affermando che «i mezzi incruenti […] sono meglio rispondenti alle condizioni concrete del bene comune e sono più conformi alla dignità della persona umana», riprende alla lettera il n. 2267 del *Catechismo della Chiesa Cattolica*, rimasto invariato nelle due edizioni. Spesso, invece, la pena di morte è invocata per meglio proteggere il bene comune. Questo rivela una concezione di bene comune che non fa riferimento alla persona umana e alla sua dignità e che quindi non è strumentale rispetto al perfezionamento dei singoli. La pena di morte presuppone che l'uomo sia pienamente socializzabile, quindi non sia costituito nella sua dignità dalla sua primaria relazione con Dio, che mai viene meno, per nessuna ragione. Con essa, infatti, il legislatore arbitrariamente stabilisce che il reo ha perso la sua dignità di uomo, costituita dalla sua primaria relazione a Dio, e il suo diritto all'esistenza, sostituendosi, così, a Dio. L'ordinamento che prevede la pena di morte si pone come un ordinamento assoluto, in quanto rivela che non è costruito sulla base del rispetto e della promozione della dignità della persona e del suo diritto primario, inalienabile, all'esistenza,[44] e svuota il bene comune del suo significato antropologico, in quanto non vuole più predisporre i mezzi affinché il reo, che è e rimane una persona, possa, anche per mezzo di una giusta pena, raggiungere la sua perfezione.

Il diritto positivo è l'espressione pubblica nella società del processo storico di autocomprensione della persona umana, che porta in sé la natura che per lei rimane sempre normativa.[45]

Poiché la formulazione del diritto positivo avviene in un processo di autocomprensione delle persone che fanno parte di una società, esso è necessariamente un qualcosa di dinamico che si evolve col mutamento dello stesso processo di autocomprensione storica dell'uomo e dell'interpretazione della normatività della natura umana, la cui espressione concreta sono le singole persone umane. L'atto personale dell'uomo spinge ad una decisione che, realizzando la legge naturale in un particolare modo di agire, attui la natura.[46]

Poiché la legge naturale iscritta nel cuore dell'uomo (Rm 2:15), come afferma S.Tommaso, è partecipazione alla *ratio* o *lex aeterna* nella creatura razionale ovvero «*impressio divini luminis in nobis*», ed è conosciuta con la *recta ratio* o *per naturam* o *per fidem*,[47] senza la grazia non può essere seguita, in quanto nell'uomo rimane l'inclinazione al male (cf. Rm 7). L'atto

---

[44] Questo vale anche quando l'ordinamento giuridico prevede la legalizzazione dell'aborto, dell'eutanasia e della sperimentazione su embrioni vivi.

[45] Cf. GIOVANNI PAOLO II, Enciclica *Veritatis Splendor*, 6 ag. 1993, n. 40 (nel contesto dei nn. 35-53) in *AAS* 85 (1993) 1133-1228.

[46] L'atto personale del battezzato è, inoltre, sostenuto dalla fede, in forza della grazia dello Spirito Santo ricevuta nel sacramento.

[47] Cf. *Somma Teologica*, I-II, q. 91, a. 2, c., ad 3; q. 100, a. 3, ad 1; il mio articolo «Fondamenti teologici del diritto» in *Rassegna di Teologia* 15 (1974) 283-287; O. DE BERTOLIS, *Il diritto in San Tommaso d'Aquino. Un'indagine filosofica*, Torino, 2000, 53-59

personale dell'uomo, sotto l'impulso della grazia, è la decisione che, rendendo categoriale la legge naturale in un comportamento dato, attua la natura.[48] La legge naturale è iscritta certo nella natura in quanto realtà data, ma non come un qualcosa di completo semplicemente conosciuta una volta per sempre, poiché è conosciuta in modo storico ed è da attuarsi continuamente.

È importante affermare l'eternità e l'immutabilità dei precetti di diritto naturale, ma ancor più la loro ragionevolezza, che cioè non sono arbitrari, in quanto sono iscritti nella natura da Dio, in modo che l'agire segua l'essere. L'uomo, con la sua ragione, coglie la ragionevolezza dei precetti di diritto naturale e per azione della grazia li traduce in norme positive. Inoltre l'indole ontologica dei principi di diritto naturale è importante, ma ancora più lo è la consapevolezza che l'evoluzione storica dell'uomo avviene secondo una sua struttura, cioè secondo la sua *ratio essendi*. Come diceva S. Tommaso il mutamento della legge naturale si ammette per addizione e non per sottrazione.[49] I precetti del diritto naturale una volta acquisiti storicamente dall'uomo, valgono sempre, ma l'uomo nel processo storico della sua autocomprensione e realizzazione ne può scoprire altri nuovi e convertirli in leggi positive. Così ciò che in un'epoca si riteneva non contrario al diritto naturale, può in un'altra essere considerato contrario ad essa, per la più approfondita e sensibile comprensione della legge naturale stessa. Un esempio di questo processo è senza dubbio la schiavitù. Si potrebbe dire che questo stesso processo si stia avviando riguardo alla pena di morte.[50]

La persona umana si esprime nella sua libertà di scelta in relazione alla sua autocomprensione. Infatti, l'uomo, usa liberamente dei suoi diritti, ed espressione di questo libero uso è l'ordinamento giuridico, che l'uomo

---

[48] Cf. J. AUER, «Grazia. III. Presentazione sistematica» in *Dizionario Teologico*, vol. II, 52, 53-54.

[49] Cf. *Somma Teologica*, I-II, q. 94, a. 5; cf. O. DE BERTOLIS, *Il diritto in San Tommaso d'Aquino*, 66-71. Nell'Enciclica *Evangelium vitae*, n. 55, in riferimento al precetto di non uccidere, si afferma: «Da sempre, tuttavia, di fronte ai moltepilici e spesso drammatici casi che la vita individuale e sociale presenta, la riflessione dei credenti ha cercato di raggiungere un'intelligenza più completa e profonda di quanto il comandamento di Dio proibisca e prescriva».

[50] G. COTTIER, allora Teologo della Casa Pontificia, in un'intervista apparsa sull'*Avvenire* il 13 settembre 1997, afferma che il *Catechismo della Chiesa Cattolica* nella sua *editio typica* del 1997 «illustra in modo molto chiaro come attraverso la storia la coscienza cristiana prenda sempre più consapevolezza delle esigenze del Vangelo e delle sue conseguenze». Continua spiegando: «Il cristianesimo è apparso in una società dove la schiavitù, la pena di morte, e tante altre pratiche che oggi consideriamo aberranti già esistevano, non le ha certo inventate. Piano piano però ha maturato più profondamente, attraverso la riflessione teologica, la coscienza delle esigenze del Vangelo e della loro ramificazione nel campo morale». Infine conclude: «quando (il *Catechismo*) afferma quel che afferma, vuol dire che non si vedono più i casi di legittimità, che c'è un'altra soluzione praticabile per la difesa della società e per dare possibilità di riabilitarsi al colpevole».

si dà. L'uomo traduce la verità di se stesso in una decisione libera sia nella sfera morale sia nella sfera giuridica. L'ordinamento giuridico, allora, dev'essere l'espressione della verità sociale alla quale un gruppo giunge attraverso la sua autocomprensione in un dato momento storico. L'uomo raggiunge la pienezza della verità di se stesso solo in relazione alla persona di Gesù. Tuttavia, l'uomo, sotto l'impulso della concupiscenza può essere spinto ad avere un'autocomprensione errata e così produrre un ordinamento che non è espressione della verità dell'uomo.[51] Le aberrazioni della storia, prodotte specialmente da regimi totalitari e assolutisti ne sono la testimonianza. Un ordinamento che prevede la pena di morte, non corrispondendo questa alla dignità dell'uomo, non è espressione della verità dell'uomo. Tutto ciò che non esprime il precetto che Gesù Cristo ha donato all'uomo, di amare come lui ha amato, non corrisponde alla verità dell'uomo e alla sua dignità.[52]

La persona, in quanto portatrice della natura umana che trascende ogni particolarizzazione storica, trascende essa stessa l'ordinamento giuridico, che storicamente la esprime nell'ambito sociale. Per questa ragione l'ordinamento giuridico è sottoposto al giudizio critico della coscienza morale dell'uomo, affinché dall'ordinamento giuridico sia riconosciuta ed espressa la normatività contenuta nella stessa natura umana. Se questo non fosse ammesso si cadrebbe in una forma di totalitarismo giuridico e non sarebbe più possibile una convivenza veramente umana, cioè basata sulla trascendenza dell'uomo rispetto alla sua stessa espressione storica. Il criterio fondamentale del giudizio morale circa le leggi positive è il precetto dell'amore, che è quello che perfettamente corrisponde alla dignità che all'uomo ha dato Dio.

La giustizia rivelata da Gesù e il precetto dell'amore

La questione della pena di morte implica direttamente il concetto di giustizia, quindi è da approfondire la giustizia rivelata da Gesù e la relazione tra giustizia divina e giustizia umana, vista in rapporto al precetto dell'amore.

Gesù restituisce all'uomo la sua dignità e i suoi diritti. Il Regno di Dio è tutela della giustizia e del diritto, in quanto è protezione della dignità di ogni uomo. Tuttavia il Regno di Dio è potenza che si manifesta nel mistero della debolezza. Così è attuazione della giustizia e della misericordia di Dio.

---

[51] Cf. S. TOMMASO, *Somma Teologica*, I-II, q. 94, a. 4, c.; a. 5, c.
[52] Cf. K. DEMMER, «Jus Ecclesiae – Jus gratiae. Animadversiones ad relationem inter ius canonicum et ethos christianum» in *Periodica* 66 (1977) 14-23.

La fonte prima dei diritti dell'uomo, come abbiamo visto, è la creazione; la piena reintegrazione in essi è la redenzione in Cristo. Dopo il peccato l'Alleanza è l'atto in cui la creazione è restaurata (Es 2:24; 3:22; 6:2-8; 19:3-8; 24:1-12; Dt 5:1-21), in quanto l'Alleanza è atto di grazia e di elezione da parte di Dio (Dt 7:6-11). In essa Dio restaura l'immagine sua nell'uomo e lo reintegra nei suoi diritti primordiali.

Tutti i racconti di alleanza hanno una struttura simile: Dio giudica il peccato, manifesta la sua giustizia, poi fa grazia e dona la sua giustizia rendendo l'uomo giusto (Gen 3; 9; 14-17; Es 24; 34; Gv 5:19-30; 15:12-25).

In ogni Alleanza con l'uomo, Dio ristabilisce la condizione, diciamo, 'naturale' dell'uomo, in quanto per mezzo di essa l'uomo è di nuovo fatto creatura libera, cioè persona che dialoga con Dio ed è in comunione con lui, *partner* di Dio. Nel restituire l'uomo a se stesso come soggetto di diritti, Dio compie la sua giustizia.

Nell'Alleanza Dio giudica il peccatore per salvarlo. La Legge è data da Dio come espressione, nella sfera sociale e giuridica, della relazione personale d'amore e di comunione tra Dio e il suo popolo e tra i membri di quest'ultimo. Tuttavia, questa relazione dev'essere sempre intesa all'interno dell'ambito della giustizia di Dio comunicata all'uomo.

In Cristo è stabilita la nuova ed eterna Alleanza e quindi si ha il compimento pieno della giustizia di Dio e vengono poste le basi ultime per la giustizia umana, per ogni comportamento giusto e ogni diritto positivo umano giusto. Gesù Cristo, che è fatto giustizia, santificazione e redenzione (1 Cor 1:30), non soltanto è un segno della giustizia di Dio, ma è la totalità della giustizia stessa di Dio.

Il paradosso dell'ingiusta condanna a morte di Gesù consiste nel fatto che, da una parte essa smaschera l'ingiustizia radicale dell'agire umano, quando esso non è attuazione della giustizia di Dio, come l'agire sia dei giudei che dei pagani nei confronti di Gesù, dall'altra parte diventa strumento di giustificazione e di instaurazione definitiva della giustizia di Dio nel mondo. Con la resurrezione di Cristo si instaura la sua signoria nel mondo e quindi il governo di Dio sulle nazioni. Cristo è colui per il quale è pronunciato il giudizio escatologico su tutta la terra, giudizio di condanna del peccato, ma nello stesso tempo di perdono, di grazia e di salvezza già attuali per i peccatori giustificati.[53]

---

[53] Dice Benedetto XVI nell'Enciclica *Deus caritas est*, al n. 10: «L'*eros* di Dio per l'uomo – come abbiamo detto – è insieme totalmente *agape*. Non soltanto perché viene donato del tutto gratuitamente, senza alcun merito precedente, ma anche perché è amore che perdona. Soprattutto Osea ci mostra la dimensione dell'*agape* nell'amore di Dio per l'uomo, che supera di gran lunga l'aspetto della gratuità. Israele ha commesso "adulterio", ha rotto l'Alleanza; Dio dovrebbe giudicarlo e ripudiarlo. Proprio qui si rivela però che Dio è Dio e non uomo: "Come potrei abbandonarti, Efraim, come consegnarti ad altri, Israele? […]. Il mio cuore si commuo-

Nessuna giustizia umana, allora, è possibile al di fuori dell'inserzione in Cristo (Gv 3:18-21; 5:24; 1 Gv 2:29).

L'essere fatto giusto da Dio, per la giustificazione avuta in Cristo, è la condizione senza la quale l'uomo non può costruire un ordinamento giuridico giusto, che sia anticipazione della giustizia escatologica di Dio e manifestazione della signoria attuale di Gesù Cristo nel mondo e sull'uomo (Ef 2:19).

Nella croce di Gesù, Dio giudica il mondo per ristabilire ciò che l'uomo aveva perduto: la relazione di comunione con Dio e con i fratelli. Come ci suggerisce S. Paolo sia nella Lettera ai Romani che nella Lettera ai Galati, possiamo dire che in Cristo viene annientata ogni «giustizia umana», concepita come pretesa di autogiustificazione, e l'uomo è spogliato di tutti i diritti da lui rivendicati davanti a Dio, ma nello stesso tempo viene gratuitamente restituito ai suoi originari e veri diritti, quelli di figlio di Dio.

In Cristo tutti ricevono gli stessi diritti senza distinzione di sesso, di razza, di condizione sociale o giuridica (Gal 3:26-29; Ef 2:11-22; 1 Cor 12:12-13; Rm 8:14-17,28-30).

Abbiamo detto che con la remissione del peccato Dio reintegra l'uomo nella sua dignità e nei suoi diritti di figlio. Nella parabola dei due fratelli (Lc 15:11-32) il padre che dà il suo perdono al figlio più giovane non permette che questi, ragionando secondo il suo angusto concetto di giustizia puramente umana e retributiva, si consideri e si metta nella condizione di servo, quindi lo restituisce alla sua condizione di figlio con tutti i suoi diritti.[54] Il fratello maggiore ragiona secondo gli stessi schemi. I due figli separa-

---

ve dentro di me, il mio intimo freme di compassione. Non darò sfogo all'ardore della mia ira, non tornerò a distruggere Efraim, perché sono Dio e non uomo; sono il Santo in mezzo a te" (Os 11:8-9). L'amore appassionato di Dio per il suo popolo – per l'uomo – è nello stesso tempo un amore che perdona. Esso è talmente grande da rivolgere Dio contro sé stesso, il suo amore contro la sua giustizia. Il cristiano vede, in questo, già profilarsi velatamente il mistero della Croce: Dio ama tanto l'uomo che, facendosi uomo Egli stesso, lo segue fin nella morte e in questo modo riconcilia giustizia e amore». Nel n. 12, così continua: «Già nell'Antico Testamento la novità biblica non consiste semplicemente in nozioni astratte, ma nell'agire imprevedibile e in certo senso inaudito di Dio. Questo agire di Dio acquista ora la sua forma drammatica nel fatto che, in Gesù Cristo, Dio stesso insegue la "pecorella smarrita", l'umanità sofferente e perduta. Quando Gesù nelle sue parabole parla del pastore che va dietro alla pecorella smarrita, della donna che cerca la dracma, del padre che va incontro al figliol prodigo e lo abbraccia, queste non sono soltanto parole, ma costituiscono la spiegazione del suo stesso essere ed operare. Nella sua morte in croce si compie quel volgersi di Dio contro se stesso nel quale Egli si dona per rialzare l'uomo e salvarlo – amore, questo, nella sua forma più radicale. Lo sguardo rivolto al fianco squarciato di Cristo, di cui parla Giovanni (cf. 19:37), comprende ciò che è stato il punto di partenza di questa Lettera enciclica: "Dio è amore" (1 Gv 4:8). È lì che questa verità può essere contemplata. E partendo da lì deve ora definirsi che cosa sia l'amore. A partire da questo sguardo il cristiano trova la strada del suo vivere e del suo amare».

[54] Cf. L. Di Pinto, «L'uomo visto da Gesù di Nazaret», 692.

no la giustizia dalla misericordia e dall'amore, mentre nel padre queste tre realtà sono inscindibilmente unite, e per questo la sua giustizia supera di molto quella puramente retributiva. Cristo in questa parabola ci rivela che la vera giustizia è quella che, come partecipazione della giustizia del Padre, è espressione dell'amore e della misericordia. La giustizia dell'uomo fatto nuovo dalla giustizia divina, si coniuga con la remissione del peccato e la reintegrazione del peccatore nella dignità e nei diritti di figlio di Dio.

In virtù della giustizia rivelataci da Gesù, la persona umana non è più in balia né del peccato, né dell'angusta giustizia umana legale retributiva, né degli avvenimenti storici, né del dispotismo giuridico o politico. La dignità dell'uomo redento in Cristo trascende tutte queste cose. Perché il diritto positivo umano sia un vero diritto, ci dev'essere il riconoscimento della dignità della persona umana, che la Rivelazione ci dice essere la dignità di figlio di Dio, donata da Dio stesso all'uomo nella creazione e reintegrata nella redenzione.

Dalla teologia dell'Alleanza si vede che fondamentalmente il diritto è un atto di Dio nell'uomo, in quanto l'Alleanza è il ponte tra il Cielo e la terra, tra Dio e l'uomo, quindi tra la giustizia di Dio, informata dalla carità, e la giustizia umana, che dev'essere manifestazione della giustizia di Dio; così l'Alleanza è il fondamento del legame tra il diritto divino e il diritto umano.

Da questo punto di vista possiamo dire che quello che chiamiamo 'diritto naturale' in realtà è un 'diritto divino' e che un diritto cosiddetto 'profano' di per sé non esiste perché o le leggi sono attuazione della giustizia di Dio nei rapporti sociali tra gli uomini, e allora, nella loro positività, costituiscono un vero diritto, che obbliga in coscienza, altrimenti sono strumento di oppressione e quindi un non-diritto, e debbono essere disobbedite.

Il diritto umano, storico, è così compreso tra l'Alleanza e il giudizio finale. Gesù in Mt 7,2 dice: «con lo stesso giudizio con cui giudicate, sarete giudicati». Tale testo va messo in relazione con Rm 2:12-16 in cui S. Paolo parla del giudizio finale che avverrà secondo la Legge mosaica per coloro che sono sotto tale Legge e secondo la legge iscritta nel cuore dell'uomo per gli altri che sono legge a se stessi. Da questi testi possiamo dedurre che uno dei criteri del giudizio di Dio sarà secondo il diritto dell'uomo, cioè secondo i criteri di giustizia da lui usati: le sue regole di vita e di diritto, i suoi giudizi.

Possiamo ritenere che alla fine della storia Dio autenticherà quel diritto positivo umano, che è stato espressione della giustizia di Dio, e in qualche modo lo farà entrare nel Regno della sua giustizia. La promessa di beatitudine a chi ha fame e sete di giustizia (Mt 5:6) è diretta a tutti quelli che hanno cercato di attuare una vera giustizia giuridica e sociale, perché ogni giustizia autentica, per la grazia di Dio, è espressione della giustizia di Dio, compiuta sia da chi adora Dio Padre rivelatoci da Gesù Cristo sia da chi senza sua colpa non lo conosce.

Il diritto positivo non ha in sé i suoi fondamenti, i suoi principi e il suo fine, ma in Dio, perché dev'essere attuazione della giustizia divina nella storia.

La giustizia divina viene rivelata in pienezza da Gesù nel Discorso della Montagna, richiamato esplicitamente nell'Enc. *Evangelium vitae*, n.40.

L'affermazione che la giustizia del discepolo che vuole entrare nel Regno dei cieli deve superare quella degli scribi e dei farisei (Mt 5:20) introduce nelle cosiddette «antitesi» (Mt 5:21-48), in alcune delle quali vengono contrapposti due concetti di giustizia: quello della giustizia puramente legale commutativa e retributiva[55] e quello della giustizia evangelica.

La giustizia evangelica, superiore e sovrabbondante, non è solo espressa dal fatto che deve essere rispettato il diritto altrui alla vita, ma anche dal fatto che i sentimenti e le azioni di odio contro i fratelli non debbono essere alimentati (Mt 5:21-24). La giustizia evangelica esige qualcosa di più che la semplice affermazione ed osservanza esteriore della legge nelle relazioni intersoggettive, in quanto riguarda le attitudini interiori, i buoni sentimenti, e quindi la carità. La gravità delle azioni esterne consiste non solo nelle azioni in quanto tali, ma anche nella loro causa, cioè nella frattura interna della comunione con i fratelli. Avere sentimenti di odio è già violare la giustizia evangelica, perché l'odio porta già ad uccidere il fratello nel proprio cuore. L'atteggiamento interiore di fratellanza e la comunione esterna con i fratelli, come obblighi che scaturiscono dalla giustizia evangelica, debbono essere protette al di sopra di tutto.[56]

La giustizia rivelata da Cristo è espressa dalla composizione amichevole della lite (Mt 5:25-26). Gesù non nega la legittimità e l'utilità dei tribunali, ma, come proprio della giustizia nuova e sovrabbondante da lui annunciata, egli esige il proprio diritto non sia rivendicato con un animo pieno di odio. La composizione extragiudiziale della lite è possibile solo se

---

[55] Il concetto legale di giustizia si fonda sul principio dell'uguaglianza, o assoluta o proporzionale. Il principio dell'uguaglianza assoluta è applicato alle relazioni di scambio tra i singoli soggetti e determina la cosiddetta giustizia commutativa. Lo stesso principio vige anche nelle relazioni tra i singoli nei giudizi, determinando quella che chiamiamo giustizia giudiziale. Queste due specie di giustizia sono due aspetti della cosiddetta giustizia sinallagmatica, che fonda l'ordine vigente tra i membri stessi di una società, parti in relazione alle parti. Il principio dell'uguaglianza proporzionale, invece, vige nelle relazioni tra la società e i singoli suoi membri e determina la cosiddetta giustizia distributiva, che fonda così l'ordine del tutto rispetto alle parti e delle parti rispetto al tutto. In questo ordine i soggetti sono uguali secondo una proporzionalità: quanti sono i meriti, tanta la remunerazione; quanti i demeriti, tanta la punizione (cf. J. PIEPER, *Sulla giustizia*, Brescia, 1975, 54-61; G. DEL VECCHIO, *La giustizia*, Roma, 1059, 59-85).

[56] L. DI PINTO, «Amore e giustizia: il contributo specifico del Vangelo di Matteo» in G. DE GENNARO (a cura di), *Amore-Giustizia*, L'Aquila, 1980, 355-357.

non c'è odio nel richiedere giustizia. La giustizia può essere sfigurata dall'animo con cui è chiesta.[57]

La giustizia superiore e sovrabbondante, poi, supera lo *ius talionis* (Mt 5:38-42), che di per sé, nel contesto culturale di allora, segnava un progresso, in quanto riconduceva entro limiti tollerabili il desiderio di farsi giustizia da sé e lo regolava in modo tale che si evitasse il pericolo della totale intemperanza nella vendetta personale dell'offesa ricevuta. Con la pena di morte lo Stato fa suo l'animo di vendetta di chi ha subito un danno dal delitto commesso. Cristo, invece, in questa antitesi, passa dall'affermazione negativa, «non opporti al malvagio» del v. 39, all'affermazione positiva della donazione di sé stessi dei vv. 39b-42: porgere l'altra guancia, lasciare il mantello, fare due miglia, dare un prestito. Per Gesù lo *ius talionis* non può essere un rimedio efficace contro le offese, in quanto segue la stessa logica della violenza. La giustizia che si attua nella carità evangelica non tollera il violento, ma, pur comminandogli una giusta pena, anche severa, non lo esclude dalla comunità umana, ma lo accoglie, perché Dio fa sorgere il suo sole sopra i malvagi e sopra i buoni e fa piovere sopra i giusti e sopra gli ingiusti (Mt 5:45).

L'affermazione «non opporti al malvagio», non vuol dire che non dobbiamo combattere l'ingiustizia. Vuol dire che la *ratio* della giustizia evangelica non può essere solo negativa, cioè consistere solo nel fatto che dobbiamo combattere l'ingiustizia, cioè la violazione della legge e del diritto, comporre le liti e riparare il danno; ma dev'essere una *ratio* positiva, nel senso che, condotto il malvagio, attraverso la pena, all'emendamento di sé, la giustizia evangelica è l'affermazione, la costruzione e la tutela della solidarietà e della comunione nella carità tra gli uomini. La pena di morte esprime solo la *ratio* negativa della giustizia. La giustizia evangelica, invece, nella carità e nella gratuità della reciproca accoglienza, edifica la convivenza sociale e la comunità umana, proprio nello sforzo del recupero del reo a quei valori che ha violato commettendo il delitto.[58] In modo esemplare Gesù esprime questo nell'episodio dell'adultera al tempio: Gesù protegge la donna dall'applicazione della pena di morte stabilita dalla Legge di Mosè, perché possa vivere e non peccare più (Gv 8,1-11).

Infine, l'amore per i nemici (Mt 5:43-47), cioè la carità perfetta, esprime la natura più profonda della giustizia evangelica.

Il nuovo ordine delle cose è edificato su questa giustizia superiore e sovrabbondante; si tratta di un ordinamento completamente nuovo come fondamento della convivenza umana.

---

[57] L. Di Pinto, «Amore e giustizia», 357-358.
[58] L. Di Pinto, *Amore e giustizia*, 358-362. L'emendamento come scopo della pena viene richiamato da Giovanni Paolo II nell'Enciclica *Evangelim vitae* (nn. 9, 27, 56) e dal *Catechismo della Chiesa Cattolica* (nn. 2266, 2267).

Alla luce di quanto detto, le due beatitudini sulla giustizia (Mt 5:6,10) possono essere una chiave di interpretazione delle altre beatitudini. La parola "δικαιοσύνη" si trova alla fine delle due serie di quattro beatitudini in cui tutta la pericope si può dividere, per cui sembra che il testo possa essere interpretato nel senso che Matteo vuole dire che coloro che sono poveri nello spirito, che sono miti e che piangono, questi hanno fame e sete di giustizia; e coloro che sono misericordiosi, di cuore puro e pacifici, questi vivono secondo giustizia, in quanto per questa ragione soffrono persecuzione, e quindi il Regno dei cieli già adesso è loro.[59]

La giustizia superiore e sovrabbondante annunciata da Gesù trova la sua sintesi nella regola d'oro: «Tutto quanto volete che gli uomini facciano a voi, anche vuoi fatelo a loro: questa infatti è la Legge e i Profeti» (Mt 7:12), regola che nel Vangelo di Luca è enunciata nel contesto dell'amore per i nemici (Lc 6:31).

La giustizia evangelica, allora, non è ciò che, secondo il concetto legale, divide in base al principio dell'uguaglianza o assoluta o proporzionale (i simboli della giustizia sono la bilancia e la spada, che divide ciò che spetta all'uno o all'altro), in apposizione alla carità che unisce, ma al contrario è quella virtù per la quale l'uomo accoglie Dio e gli altri, e quindi è quella virtù che, essendo unita alla carità, anzi esprimendola, costruisce la convivenza sociale sulla base della solidarietà e della reciproca accoglienza come figli dell'unico Padre.

Gesù, allora, ci rivela il mistero della giustizia che ha le sue radici in Dio e che come immagine del suo Regno deve essere instaurata nella nostra storia.

Tale mistero è rivelato anche nella parabola degli operai della vigna (Mt 20:1-16), che sembra contraddire il concetto umano di giustizia legale, formulato da Ulpiano: «*Constans et perpetua voluntas suum cuique tribuere*»,[60] in particolare quello di giustizia distributiva.

La parabola mostra che i primi operai sono ingiusti (v. 15b), in quanto al loro preteso diritto ad un salario maggiore collegano una mancanza di diritto degli altri operai, cioè trasformano in privilegio il loro diritto e rompono la solidarietà e la comunione con gli altri operai, loro fratelli.[61]

I primi operai pensano che l'ordine della giustizia debba essere costruito a partire dall'affermazione del loro diritto. La loro prospettiva egocentrica corrompe la giustizia. La parabola ci spinge a cambiare prospetti-

---

[59] Cf. L. Di Pinto, «Amore e giustizia», 368-374.
[60] Cf. *Digestum* I,1.
[61] Questo animo sommamente ingiusto, che rompe la comunione, lo si può ritrovare anche nella parabola dei due fratelli (Lc 15:30), del fariseo e del pubblicano nel Tempio (Lc 18:9-14) e nel racconto della peccatrice in casa del fariseo (Lc 7:39).

va, in quanto ci insegna che il fondamento dell'ordine che deve essere stabilito non è l'individuo in se stesso, ma l'individuo inserito in una comunità, che sempre dev'essere conservata e edificata come comunione.

Il punto positivo e culminante della parabola è l'affermazione della solidarietà e della comunione come frutto della giustizia di Dio e della giustizia evangelica dell'uomo, basate sulla gratuità della partecipazione ai beni di Dio. Perché sia attuata la giustizia evangelica è necessario riconoscere gli altri come fratelli, come membra della stessa comunità, in cui Dio è il Signore. Tale comunità è il Regno di Dio già iniziato in terra, dove, nella prospettiva del dono gratuitamente ricevuto da Dio, l'opposizione tra il diritto dell'uno e il diritto dell'altro dev'essere superato.

L'annunzio del Regno di Dio e l'opera di salvezza di Cristo ci costituiscono 'enti-in-relazione' con gli altri come fratelli, in quanto la fonte che deve generare il modo di agire giusto e buono è il riconoscimento e l'accettazione dell'altro come fratello in Cristo.

L'adempimento di ogni giustizia da parte di Gesù (Mt 3:15), come adempimento del suo 'essere-con' gli uomini, che è azione salvifica di Dio, è la fonte che genera nell'uomo lo 'essere-con' i suoi fratelli. La regola fondamentale della comunità della nuova umanità è la regola della solidarietà e della comunione. La giustizia puramente legale, formalmente distributiva, senza benignità, per Gesù non è giustizia, ma il massimo dell'ingiustizia («*summum ius summa iniuria*»), perché gli operai della prima ora, negando indirettamente un denaro agli operai dell'ultima ora, venivano a negare la possibilità della loro sopravvivenza, essendo un denaro il minimo per sopravvivere una giornata. Per questo nella parabola con le parole «prendi il tuo e vattene» (v. 14b) sono condannati coloro che oppongono giustizia e benignità e vogliono separare la giustizia dalla carità.

Gesù nella parabola rivela che la giustizia è strumento dell'instaurazione qui in terra del Regno di Dio annunziato da Cristo, in quanto alimenta la solidarietà, la socialità e la comunione tra gli uomini. Essendo la carità forma della giustizia, essa dev'essere alla base dell'ordine nuovo istaurato da Cristo, che deve regolare la convivenza umana. Il diritto di ciascuno, il *suum* dev'essere efficacemente riconosciuto e giustamente tutelato solo nell'ambito della solidarietà e della comunione con gli altri, in quanto il *suum* da una parte garantisce la vita del singolo, ma, dall'altra, nello stesso tempo deve stabilire vincoli interpersonali più stretti.[62] Se così non fosse, tutto andrebbe in rovina, in quanto sarebbe distrutta la compagine sociale della comunità umana.

---

[62] Cf. L. DI PINTO, «Amore e giustizia», 374-397; G. COLOMBO, *Sapiens aequitas. L'equità nella riflessione canonistica tra i due Codici*, Roma, 2003, 48-50.

I primi operai sono esclusi dalla comunità come elementi distruttivi di essa (cf. Mt 25:41-42), in quanto affermano il *suum* in modo esclusivo. Nel loro cuore è l'invidia come nel cuore del fratello maggiore della parabola dei due fratelli (Mt 20:25; Lc 15:28). Tuttavia non sembra trattarsi di un'esclusione definitiva, in quanto i primi saranno gli ultimi, in modo che capiscano la vera giustizia di Dio instaurata tra gli uomini, stabiliscano di nuovo vincoli di solidarietà e di comunione con i fratelli e possano essere fatti partecipi del Regno.

La giustizia superiore e sovrabbondante rivelata da Cristo supera la giustizia legale retributiva, in quanto è la partecipazione interna e l'immagine esterna della giustizia del Patto, voluta dal Padre, e da Cristo in modo gratuito attuata attraverso la sua ingiusta condanna a morte e da lui donata agli uomini per mezzo dello Spirito. Per il fatto che la giustizia procede dall'amore gratuito di Dio, essa è attuata dagli uomini solo a condizione che si identifichi con la benignità e la carità. Solo in questo modo si instaura in modo iniziale il Regno di Dio in terra.

Conclusioni

La Rivelazione completa la conoscenza di se stesso cui l'uomo può pervenire con i suoi soli mezzi naturali. Dalla Rivelazione, infatti, abbiamo il fondamento ultimo della dignità dell'uomo e dei suoi diritti fondamentali, e del suo diritto primario all'esistenza, posto come fondamento della convivenza umana, senza il quale questa è resa impossibile e quindi è distrutta. Gesù, inoltre, rivela in pienezza qual'è la giustizia vera, quella che si coniuga con il precetto dell'amore verso i nemici e che deve vigere tra gli uomini, come attuazione storica della giustizia di Dio, che è amore misericordioso.

Appare chiaro dalla Bibbia che il diritto all'esistenza si pone nella sua assolutezza perché si definisce in riferimento a Dio, Creatore dell'uomo e unico Signore della sua vita. Per questo la violazione di tale diritto va contro la sovranità di Dio e configura un abuso di potere, se compiuta da parte dell'autorità pubblica, proprio perché questa ha il compito specifico di tutelare tale diritto, inerente ad ogni persona in quanto persona. Essendo tale diritto previo a qualsiasi decisione o comportamento morale della persona, esso permane in lei nella sua assolutezza e intangibilità, anche nel caso di grave delitto. Dio, affermando l'assolutezza di tale diritto, ha voluto bandire la vendetta come risposta al delitto altrui, stabilendo così che l'ordine naturale della convivenza si basa sull'intangibilità di tale diritto. L'autorità pubblica che commina la pena di morte manca al suo dovere primario e si mette al posto di Dio, in quanto determina chi non ha più diritto ad esistere, rispondendo alla violenza commessa dal reo con la violenza della vendetta. In questo l'autorità pubblica immette nell'ordinamento giuridico un elemento di disgregazione nella convivenza sociale. Infatti, la legge positiva ha certamente la funzione di prevenire la violazione dei diritti personali, che è sempre possibile a causa della tendenza al peccato che rimane anche nell'uomo redento, tuttavia tale prevenzione è possibile proprio perché in virtù della redenzione il peccato è stato vinto da Cristo e quindi l'uomo, sottratto da ogni tipo di determinismo morale e sostenuto dalla grazia, è reso capace di vincere il peccato in sé, e resta sempre la possibilità che sia recuperato. Una legge che preveda la pena di morte manifesta una visione estremamente pessimista dell'uomo, in quanto considera il reo come deterministicamente votato al male e quindi irrecuperabile a se stesso. La pena di morte è la concretizzazione della mancanza di speranza teologale in una società, quindi anche di fede e di carità.

È di primaria importanza ammettere che il diritto è una realtà ontologica, intrinseca alla natura dell'uomo, previa a qualsiasi determinazione di legge positiva. Data la natura sociale dell'uomo, questi è necessariamente sempre in relazione con gli altri, e lo *ius-debitum*, come insieme di legittime esigibilità, è intrinseco alle stesse relazioni tra i soggetti di una società. Per il fatto stesso che l'uomo viene all'esistenza afferma lo *ius* all'esistenza; di fronte a tale *ius* sorge necessariamente in tutti gli altri, anche nell'autorità pubblica, il *debitum* di rispettare tale *ius*. Allora, non è l'autorità pubblica che determina il diritto, lo *ius-debitum*, ma solo lo esprime in leggi positive, affinché tale diritto sia tutelato ed espresso. Per questo l'autorità pubblica non può disporre a suo piacimento di tale primario *ius-debitum* all'esistenza. Se lo fa dimostra una concezione assolutista dello Stato. Il concetto di diritto come realtà ontologica previa ad ogni legge positiva è un concetto limite, in quanto se non si ammette, il diritto positivo non ha forza obbligante per la giustizia di cui è portatore, ma per la forza di chi è al potere. Così il diritto all'esistenza è un diritto-limite, primario, perché, se non si ammette nella sua assolutezza e inviolabilità, la convivenza umana non è più retta dalla giustizia, ma dalla forza. La pena capitale è una violazione dello *ius-debitum* primordiale, quindi del diritto naturale, come realtà ontologica, che dev'essere alla base di ogni ordinamento giuridico.

Non si può invocare la pena di morte come legittima difesa della società di fronte al pericolo, che il delinquente costituisce per la società stessa e quindi come tutela del bene comune. Infatti, dal punto di vista giuridico non si ritrovano gli elementi costitutivi della legittima difesa nell'applicazione della pena di morte. La difesa è legittima quando la reazione all'aggressione è immediata, non premeditata, proporzionata ad essa, e la soppressione dell'aggressore non è voluta da chi si difende, ma solo conseguente alla tutela della propria incolumità. Con la pena di morte la soppressione del reo non è immediata, ma progettata, quindi non volta immediatamente alla liberazione dall'aggressione, ma positivamente voluta, come vendetta per un'aggressione già avvenuta. Uno Stato che prevede la pena di morte denuncia da se stesso la sua inefficienza per tutelare efficacemente la compagine sociale, senza ricorrere alla violenza della vendetta. Ma ancora di più, manifesta la sua inefficienza, in quanto si pone come uno Stato violento, che genera violenza nell'istituzionalizzare la violenza insita nella logica dello *ius talionis*, che fa suo come metodo di intervento contro il crimine.[63]

Uno Stato che prevede la pena di morte manifesta la sua incapacità di immettere positivamente i valori fondamentali inerenti alla dignità della persona umana. Essenziale perché una legge sia giusta, quindi obblighi in coscienza, è che sia portatrice di un valore per la persona. La legge che proibisce di uccidere obbliga in coscienza non perché è promulgata dalla competente autorità, ma perché è portatrice di una giustizia sostanziale, proteggendo il diritto all'esistenza della persona come del valore. Se per reintegrare giustizia violata da chi ha ucciso si applica una legge che nega il valore della vita, in quanto in base all'applicazione di quella legge si uccide una persona, che rimane tale, anche se rea del delitto di omicidio, si ha solo la reintegrazione della giustizia formale e non della giustizia sostanziale. La giustizia sostanziale, infatti, si attua solo quando si realizzano i valori rispondenti alla dignità e ai diritti fondamentali della persona. Poiché la pena di morte è contraria al diritto primario all'esistenza e quindi alla dignità dell'uomo, la sua applicazione porta solo ad una reintegrazione formale della giustizia e non ad una sua attuazione sostanziale, inducendo così i cittadini ad ignorare i valori sostanziali di cui ogni legge dev'essere portatrice e ad assumere un atteggiamento di rispetto solo formale della legge, qualunque sia il suo contenuto. Questo è quanto di più dannoso ci possa essere per una società.

La pena di morte non è neanche un mezzo efficace per procurare il bene comune in quanto in riferimento alla persona e al suo tendere al compimento secondo la *ratio essendi* propria, quella di realizzare sempre più l'immagine di Dio, non v'è, come abbiamo visto, opposizione tra bene del singolo e bene comune. L'opposizione si pone solo nel caso in cui l'or-

---

[63] Il Card. R. MARTINO, in un'intervista apparsa su l'*Avvenire* il 4 novembre 1999, rilasciata New York, in occasione della proposta all'Assemblea Generale dell'ONU di moratoria delle esecuzioni capitali in tutto il mondo, così si esprimeva: «La pena di morte è uno strumento di vendetta e non di giustizia, che dimostra l'arretratezza culturale di chi continua ad applicarla». Aggiungeva: «La pena di morte non riduce i reati, colpisce spesso le minoranze etniche e le persone povere incapaci di difendersi, a volte uccide degli innocenti, e troppo spesso è accompagnata da inaccettabili manifestazioni pubbliche di vendetta, come quando i parenti delle vittime assistono all'esecuzione di condannati. L'attività criminale va punita in maniera efficace, ma per frenarla servono politiche morali che affrontino le sue cause alle radici, invece dell'assassinio di Stato».

dinamento giuridico non ha alla sua base la persona e la sua dignità, per cui il bene comune, in tale ordinamento, non è considerato come l'insieme di quei mezzi strumentali che dall'autorità pubblica debbono essere predisposti per il perfezionamento della persona. La pena di morte è espressione di un ordinamento di questo genere.

Non vale neanche l'argomento che finora non si è visto il contrasto tra la pena di morte e il diritto naturale. Il diritto naturale è inerente alla persona, quindi in questo senso è astorico, ma viene conosciuto storicamente dall'uomo e progressivamente tradotto in leggi positive. L'uomo e i gruppi sociali progrediscono nella loro conoscenza del diritto naturale con l'affinarsi della coscienza morale, che sottopone a continua critica l'ordinamento giuridico positivo, rendendo possibile un suo evolversi in forme sempre più rispondenti alla dignità dell'uomo. Come la schiavitù o la tortura, e altre istituzioni umane, in epoche passate non sono state considerate contrarie al diritto naturale, ma ora non lo sono più,[64] così può essere anche per la pena di morte. Un'approfondita riflessione filosofica, ma ancor più una riflessione teologica, ci portano inequivocabilmente a questo. Gesù ci rivela con il suo insegnamento e con la sua vita e morte, che tutto ciò che non corrisponde alla radicalità del Discorso della Montagna e del precetto dell'amore va contro la dignità dell'uomo, perché va contro la giustizia divina.

Come detto all'inizio di questa trattazione, l'insegnamento di Giovanni Paolo II, recepito nella *editio typica* del *Catechismo della Chiesa Cattolica* segna una svolta nell'atteggiamento della Chiesa circa la pena di morte; una svolta che indica una strada per filosofi e teologi del diritto, per cultori delle scienze politiche e sociali, per politici e legislatori.

Pontificia Università Gregoriana   GIANFRANCO GHIRLANDA, S.I.
Piazza della pilotta, 4
00187 Roma

---

[64] La Costituzione pastorale *Gaudium et spes*, al n. 27c, dice che le torture inflitte al corpo e alla mante e la schiavitù

SOMMARIO

L'articolo prende le mosse da un'analisi del recente insegnamento della Chiesa circa la pena di morte, mettendo in rilievo l'importanza che assume il magistero di Giovanni Paolo II espresso in modo diffuso nella sua Enciclica *Evangelium vitae*, che ha determinato cambiamenti nell'Edizione tipica del *Catechismo della Chiesa Cattolica* (1997). L'autore sviluppa in quattro paragrafi elementi contenuti nell'insegnamento dell'Enciclica. Innanzitutto fonda la dignità dell'uomo e il suo diritto primario all'esistenza, come basi per una convivenza umana, nell'antropologia biblica, come espressa nella Genesi e negli scritti del Nuovo Testamento. Il discorso si incentra sull'uomo creato a immagine e somiglianza di Dio; immagine ferita ma non distrutta dal peccato, reintegrata da Cristo, che rende l'uomo capace di attuarsi secondo la sua *ratio essendi*, nella comunione con Dio e con gli altri, nel rispetto della loro dignità e del loro diritto all'esistenza inalienabile. Infine, l'autore delinea il concetto di giustizia evangelica, che supera quello di giustizia retributiva e vendicativa, in quanto da coniugare strettamente con il precetto dell'amore. La conclusione è che la pena di morte va contro il diritto naturale, in quanto va contro la sovranità di Dio sulla vita umana, e non può essere compresa sotto la categoria della legittima difesa, basandosi sul concetto di giustizia vendicativa.

The article takes into account the recent magisterium of the Church on capital punishment and dwells on the teachings of John Paul II which the Pope expanded in his encyclical *Evangelium Vitae*: it was the latter document that called for changes in the typical edition of the *Cathechism of the Catholic Church* (1997). The author develops his reading of the Encyclical in four sections. He first dwells on human dignity and the primary right to being – understood in the light of the biblical concept of humanity in Genesis and in the New Testament – as the basis for human co-existence. The key concept is the human person as created in the image and likeness of God. That image, though wounded by sin, has been redeemed by Christ and restored to communion with God and with others. It is Christ himself who enables the individual to live according to humanity's *ratio essendi*, to respect the dignity of others and to foster their inalienable right to be. The author then shows how the Christian understanding of justice is broader than that of 'retributive' or 'vindictive' justice; believers can comprehend justice in close union with the commandment of love. The article draws the conclusion that, since the death penalty challenges God's sovereignty on the being of human individuals, it must be contrary to natural law. If capital punishment cannot be a case for vindictive justice, it cannot even be interpreted as legitimate self-defence.

Indice

Presentazione, S.E.R. Cardinale Renato Raffaele Martino .... pag. V

Massimo Grilli, La pena di morte alla luce del pensiero biblico sulla giustizia » 1

Paolo Carlotti, La pena di morte. L'attuale sviluppo magisteriale .... » 27

Ottavio De Bertolis, La pena di morte alla luce del diritto naturale
    secondo san Tommaso .... » 55

Sergio Bastianel, Pena di morte. Considerazioni etiche .... » 77

Gianfranco Ghirlanda, La pena di morte alla luce di una riflessione
    teologica sul diritto .... » 89

Presentazione di S. Em. Rev.ma Card. Renato Raffaele Martino, Presidente del Pontificio Consiglio della Giustizia e della Pace

Rev. D. Massimo Grilli, Professore Ordinario della Facoltà di Teologia e Direttore del Dipartimento di Teologia Biblica della Pontificia Università Gregoriana

Rev. P. Paolo Carlotti, S.D.B., Professore Ordinario della Facoltà di Teologia della Università Pontificia Salesiana e invitato presso la Facoltà di Teologia della Pontificia Università Gregoriana

Rev. P. Ottavio De Bertolis, S.J., Docente Incaricato della Facoltà di Diritto Canonico della Pontificia Università Gregoriana

Rev. P. Sergio Bastianel, S.J., Professore Ordinario della Facoltà di Teologia e Vice Rettore Accademico della Pontificia Università Gregoriana

Rev. P. Gianfranco Ghirlanda, S.J., Professore Ordinario della Facoltà di Diritto Canonico e Rettore della Pontificia Università Gregoriana

IN COPERTINA: *Gesù e l'adultera*, Rembrandt, National Gallery, Londra

Finito di stampare nel mese di luglio 2007
Tipografia "Giovanni Olivieri" di E. Montefoschi
Via dell'Archetto, 10 - 00187 Roma